Aus 500 Jahren Geschichte der Sebastianus-Bruderschaft Bürgstadt

Markus Schmitt

Aus 500 Jahren Geschichte
der
Sebastianus-Bruderschaft Bürgstadt

Geringfügig überarbeitetes Manuskript des Jubiläumsvortrags
am Sonntag, den 22.11.2015 im Pfarrsaal Bürgstadt

Der Vortragsstil wurde bewusst beibehalten.
Zitate sind in der original Rechtschreibung und Zeichensetzung belassen, Abkürzungen nur bei Unverständlichkeit aufgelöst.

Bibliographische Information der Deutschen Nationalbibliothek:
Die Deutsche Nationalbibliothek verzeichnet diese Publikation in der Deutschen Nationalbibliographie; detaillierte bibliographische Daten sind im Internet über www.dnb.de abrufbar.

© Dipl.-Theol. Markus Schmitt, 2015
2., korrigierte und aktualisierte Auflage 2016
Herstellung und Verlag: BoD – Books on Demand, Norderstedt
ISBN 9-783739-248103

Inhalt

Einleitung

In diesem beschränkten Rahmen kann keine lückenlose Geschichte der Bruderschaft von 1515 bis heute geboten werden, und auch bei den jeweiligen Zeitumständen kann ich mich nicht lange aufhalten. Aber ich werde streiflichtartig einiges berichten, um diese Geschichte ein wenig lebendig werden zu lassen. Es ist aus jedem der fünf Jahrhunderte etwas dabei, je nach Quellenlage aus dem einen mehr und aus dem anderen weniger. Dabei habe ich mich bemüht, chronologisch vorzugehen, aber es war dennoch an einigen Stellen unvermeidlich, zu springen, weil es der Zusammenhang so erfordert hat – ich hoffe, dass es trotzdem nicht verwirrend wird. Nun aber *medias in res*, zur Sache.

Gründung der Bruderschaft 1515

Unsere Bruderschaft ist älter als 500 Jahre. In der Stiftungsurkunde vom 17. Januar 1515 heißt es ja, dass sie „nun eine lange zeyt bishero durch unser Vorfarn und uns in unser pfarkirchen obgerürt (= oben genannt) […] mit vigilien und messen gehalten und begangen worden" sei;[1] es liegt also „die Annahme nahe, […] daß die Bruderschaft schon damals seit mehreren Generationen bestanden habe."[2] Trotzdem feiern wir in diesem Jahr zu Recht ihr 500jähriges Bestehen. Denn erstens ist die genaue Entstehungszeit nicht bekannt, und zweitens besteht sie als Institution und juristi-

---

[1] Stiftungsurkunde vom 17.01.1515. Zitiert nach: Stefan Konrad, Bruderschaft zur Verehrung des glorreichen heiligen Martyrers Sebastian in der Pfarrkirche zu Bürgstadt a. Main. Geistliches Testament aus Bürgstadts kath. Vorzeit. Der Nachwelt zum treuen Gedenken vorgelegt von Adolf Manger, Pfarrer daselbst. Überarbeitet und neu aufgelegt von Stefan Konrad, derzeit Pfarrer von Bürgstadt, Bürgstadt 1978 (künftig: Konrad, Bruderschaftsbüchlein 1978), 9-13, hier 10.

[2] In der Gründungsurkunde der Bruderschaft des Sebastianus ist von Pest nicht die Rede. Pfarrer Norbert Schmitt wartet mit interessanten historischen Erkenntnissen auf, in: Bote vom Untermain, 24.01.1990.

sche Person tatsächlich erst seit dem 17. Januar 1515; vorher war sie einfach nur ein frommer Brauch, sozusagen eine private Initiative „ohne besondere Förmlichkeiten"[3], Verbindlichkeit und klare Regeln, und daher weder mit den Gnadenmitteln, die die katholische Kirche für solch eine Gebetsgemeinschaft vorsieht (vor allem Ablässe und dergleichen), noch mit Kapital ausgestattet. Was am 17. Januar 1515 mit der Stiftungsurkunde vorgenommen wurde, war der Vorgang der kirchenrechtlichen Errichtung, wodurch die Bruderschaft offiziell eine kirchliche Vereinigung wurde – deshalb eben auch „Stiftungs-" und nicht „Gründungsurkunde". Dazu war – und ist noch heute – die Anerkennung bzw. Bestätigung des zuständigen Diözesanbischofs erforderlich, in diesem Fall des Mainzer Erzbischofs und späteren Kardinals Albrecht von Brandenburg (1490-1545),[4] die er mit einer in Aschaffenburg ausgestellten, heute im Staatsarchiv Würzburg verwahrten Urkunde vom 10. Januar 1515 erteilte.

Dieser Albrecht von Brandenburg war es übrigens, der den Dominikanerpater Johannes Tetzel als Ablassprediger einsetzte und ihn zum Ablasshandel veranlasste. Die Hälfte von dessen Einnahmen floss nach Rom zu Papst Leo X. zur Finanzierung des Neubaus der Peterskirche, die andere Hälfte in Albrechts eigene Tasche, der damit seine Schulden von 29.000 Gulden bei den Augsburger Fuggern zurückzahlte. Damit gab der Erzbischof und Kardinal letztlich ungewollt Martin Luther einen entscheidenden Anlass zum Thesenanschlag in Wittenberg zwei Jahre später, der die Reformation auslöste.

---

3 Notiz aus dem Nachlass Robert Eiselein (Photokopie Nachlass Norbert Schmitt).

4 Sämtliche hier gemachten Angaben zu ihm und seiner Person folgen: Horst Reber u.a., Albrecht von Brandenburg. Kurfürst · Erzkanzler · Kardinal. 1490-1545. Zum 500. Geburtstag eines deutschen Renaissancefürsten. Herausgegeben von Berthold Roland, Mainz 1990, 30.

Im Rahmen der Reformationswirren wurde ja dann auch Miltenberg 1522 als letzte Filiale von der Pfarrei Bürgstadt abgetrennt. 1515 war es aber noch Filiale, und daher gab es auch noch einen Oberpfarrer, der ebenfalls der Errichtung der Bruderschaft zustimmen musste. Dieser letzte Bürgstadter Oberpfarrer war Johannes Link (+ 1530), Lizenziat beider Rechte, Kanoniker am Heilig-Geist-Stift in Heidelberg und Dozent an der dortigen Universität.[5] In seinem Namen versah Mag. Johannes Hildebrand (+ 1540) als *plebanus* (von lat. plebs = Volk, also Priester für die Leute, „Leutpriester“) die Seelsorge in Bürgstadt, und in seinem Auftrag erteilte er auch seine Zustimmung zur Errichtung der Bruderschaft, was er mit dem Pfarreisiegel an der Stiftungsurkunde bezeugte.[6]

Das andere Siegel ist das des Gerichts, d.h. der politischen Gemeinde Bürgstadt, nachdem ja gleich zu Beginn der Urkunde „Schultes, Scheffen und gantz Gemeynde“ für die Bruderschaft verantwortlich zeichnen. Das mag uns heute erstaunen, war aber zur damaligen Zeit, als es noch keine Trennung von Kirche und Staat gab und der Glaube die ganze Gesellschaft prägte, nichts ungewöhnliches. Deshalb wurden auch die bei der Erneuerung der Bruderschaft 1608 eingeführten sechs Bruderschaftsältesten paritätisch von Gemeinde- und Kirchenverwaltung besetzt und liegen die Rechnungen der Bruderschaft von 1609 (vorher sind keine erhalten) bis 1823 im Gemeinde- und nicht im Pfarrarchiv.

Ebenfalls nicht außergewöhnlich ist der Umstand, dass von Anfang an auch Frauen in die Bürgstadter Bruderschaft aufgenommen werden konnten. Es gibt zwar auch reine

---

[5] Vgl. Norbert Schmitt, Die Seelsorger von Bürgstadt – Geistliche aus Bürgstadt, in: Würzburger Diözesangeschichtsblätter 42/1980, 91-157, hier 95 f. (künftig: Schmitt, Seelsorger – Geistliche).

[6] Vgl. ibid., 96 f. Zu den weiteren Angaben in diesem Absatz vgl. Norbert Schmitt, Die alte Mutterpfarrei Bürgstadt und ihre ehemaligen Filialen, in: Würzburger Diözesangeschichtsblätter 33/1971, 5-49, hier bes. 17 f.

Männerbruderschaften, die dann allerdings auch meist ausdrücklich „Männersodalität" oder „Männerkongregation" heißen (die Miltenberger Fünf-Wunden-Bruderschaft ist hier eine Ausnahme); die ganz große Mehrzahl der geistlichen Bruderschaften – anders als etwa die weltlichen Schützenbruderschaften – war aber schon immer für „Personen beiderlei Geschlechts"[7] offen.

Ein weiteres, nach wie vor verbreitetes Missverständnis ist, „daß die Pest zur Gründung der Bürgstadter Sebastianus-Bruderschaft geführt hat. In Wirklichkeit ist in der sogenannten ‚Gründungsurkunde' von 1515 von der Pest oder auch von irgendwelchen Krankheiten mit keinem Wort die Rede", wie bereits mein Onkel Norbert Schmitt vor 25 Jahren klargestellt hat. „Die Verbindung ‚Sebastianus-Bruderschaft' und ‚Pest' wurde vielmehr erst bei der Erneuerung der Bruderschaft im Jahr 1608 hergestellt."[8] Statt dessen wird 1515 „lediglich darauf hingewiesen, daß das Leben vergänglich sei, der Zeitpunkt des Todes ungewiß, und daß man in den Tod nichts mitnehmen könne, als die guten Werke, die man zu Lebzeiten vollbracht habe."[9] Es ging deshalb um Vertiefung des Glaubens und das Seelenheil der Menschen. Dabei muss man sich die damalige Situation vergegenwärtigen: Angesichts vielfältiger Bedrohung durch Kriege und Seuchen, Naturkatastrophen und früher Sterblichkeit suchten die Menschen Halt im Glauben und wollten im Bewusstsein ihrer Sündhaftigkeit für das ewige Leben Vorsorge treffen, um im Fall eines plötzlichen Todes abgesichert zu sein. Nach dem Apostel Jakobus (Jak 2,14-

---

7 Papst Clemens VIII., Ablassbulle vom 03.01.1603. Zitiert nach: Josef Hartig, Andachts-Uebungen zur Verehrung des heiligen Martyrers Sebastian in der Pfarrkirche zu Bürgstadt, Amorbach 1852, 16 (künftig: Clemens VIII., Ablassbulle).
8 In der Gründungsurkunde der Bruderschaft des Sebastianus ist von Pest nicht die Rede (wie Anm. 2).
9 Ibid.

17) gehören Glaube und Werke zusammen und sind beide für das Seelenheil notwendig. In Bruderschaften geht es um beides: Vor Gott füreinander einzutreten in Gebet und Gottesdienst, für Lebende und Verstorbene, aber auch durch tätige Nächstenliebe; man kann dann auch sicher sein, dass für die eigene Seele nach dem Tod gebetet wird. Auf diesem Hintergrund wurde damals von katholischen Reformbewegungen in Orden, Klerus und frommen Laien der mittelalterliche Bruderschaftsgedanke neu belebt.

Erneuerung im Jahr 1608

Doch dieses Anliegen war hundert Jahre später nicht weniger aktuell. Die friedlichen Jahre vor dem Dreißigjährigen Krieg hatten durch gute Weinernten einen gewaltigen wirtschaftlichen Aufschwung für Bürgstadt mit sich gebracht, wie die Bauinschrift des 1590-1592 erbauten alten Rathauses stolz verkündet: „War ein heisser Sommer heuer / wuchs gutter Wein seher theuer." Davon zeugen auch die damals außerdem entstandenen zehn prächtigen Fachwerkhäuser, das Obergeschoss des alten Kirchturms mit dem charakteristischen Spitzhelm von 1585, die 1589-93 geschaffene prachtvolle Ausmalung der Martinskapelle und das 1607/08 angebaute Seitenschiff der alten Pfarrkirche. In diesen Zeiten des Wohlstands, in denen es den Menschen gut ging, bestand die Gefahr, sich in den bequemen Verhältnissen einzurichten und so das Seelenheil aus dem Blick zu verlieren. Die *cura animarum*, die Sorge um die Seelen der Gläubigen war es deshalb, die Papst Clemens VIII.[10] dazu bewog, am 3. Januar 1603 allen Sebastianus-Bruderschaften (also auch der Bürgstadter) eine Reihe von Ablässen zu verleihen, „damit", wie es in der entsprechenden Bulle heißt, „diese Bruderschaft von Tag zu Tag mehr zunehmen,

---

[10] Ippolito Aldobrandini (1536-1605), Papst seit 1592.

und auch noch andere Personen sich desto lieber einer so gottseligen Bruderschaft einzuverleiben veranlaßt werden".[11] Mit anderen Worten: Sein Anliegen war es, die Attraktivität der Bruderschaften zu erhöhen, damit möglichst viele Menschen diese Möglichkeit der Vorsorge für ihr Seelenheil in Anspruch nahmen. Tatsächlich wurden damals zahlreiche bestehende Bruderschaften erneuert oder neue gegründet, gerade auch unter dem Patronat des hl. Sebastian. Wie sehr sich die Bürgstadter unter Pfarrer Georg Kirber[12] dieses Anliegen des (mittlerweile verstorbenen) Papstes zu Herzen nahmen, zeigt die fünf Jahre später – im Jahr 1608 – vollzogene Erneuerung unserer Bruderschaft, mit der auch eine Erweiterung der Statuten verbunden war. Denn während der Papst all denjenigen einen vollkommen Ablass erteilt, die „um Erhöhung der heiligen römischen Kirche, um Ausrottung der Ketzereien, Bekehrung der Ungläubigen und um Erhaltung des Friedens unter den christlichen Fürsten bitten werden", ruft die Bürgstadter Erneuerungsurkunde vom 22. September 1608 mit fast genau den gleichen Worten die Brüder und Schwestern zum Gebet „um gnädigste Erhaltung der heylichen, Römischen, apostolischen Kirchen, Ausreuttung der Ketzereien, Bekehrung der Ungläubigen, auch um Erhaltung allgemeynen Christlichen friedens sowol unter Fürsten und Potentaten als Unterthanen" auf – mit dem Unterschied, dass hier noch die Bitte um „Abwendung der greulichen Seuche der Pestilenz"[13] hinzukommt, „verstärkt durch Miteinbeziehung des Pestpatrons St. Rochus"[14] als Nebenpatron, dessen Statue

---

[11] Clemens VIII., Ablassbulle, 16.

[12] Zu seiner Biographie vgl. Schmitt, Seelsorger – Geistliche, 100 f.

[13] Erneuerungsurkunde vom 22.09.1608, zitiert nach: Konrad, Bruderschaftsbüchlein 1978, 13-19, hier 15.

[14] Norbert Schmitt, Bürgstadt zur Zeit des Dreißigjährigen Krieges. Die Maintalgemeinde im Spiegel der Gemeinde- und Kirchenrechnungen in der ersten Hälfte des 17. Jahrhunderts (= Veröffentlichungen des Heimat- und

auch am Sebastianus-Altar in der alten Pfarrkirche steht. Die damalige „Erneuerung der Statuten ist [also] wohl auf dem Hintergrund großer Pestgefahr zu sehen",[15] denn „zwischen den Jahren 1607 und 1631 herrschte [...] in Miltenberg und Umgebung eine verheerende Pestkrankheit, welche fast täglich viele Opfer hinwegnahm", wie der Miltenberg Chronist Michael Joseph Wirth schreibt;[16] ebenso heißt es „in chronikalischen Aufzeichnungen am Beginn der ältesten Eichenbühler Matrikel"[17] über das Jahr 1607: „Umb Michaeli ihn der Statt Miltenberg und Bürgstatt hatt die böse Lufft und pestilenzisch febres (Fieber) hardt angehalten, zu Bürgstadt bis zu Endt des Jahres".[18] Ein Erklärungsversuch für die Pestepidemien war in der damaligen Zeit, dass derartige ansteckende Krankheiten von bösen Geistern durch Pfeile verbreitet würden (sog. Pestpfeile); daher war der hl. Sebastian mit seinem Martyrium durch Pfeile neben dem hl. Rochus natürlich ein naheliegender Patron zum Schutz vor dieser Seuche.

Pfarrer Kirber, der von 1605 bis 1630 Pfarrer von Bürgstadt war, war dies offenbar ein besonderes Anliegen, da er sich auch „nit ge-scheuet zur Pestzeit zu infizirte Personen, wan sie es begert, zu gehen, Beicht zu hören und sy mit der Communion zu providiren." Er habe sogar „Kranke, die ihn nicht gerufen hätten, [...] dafür gescholten."[19]

Geschichtsvereins Bürgstadt Heft 5), Bürgstadt 1989, 157 (künftig: Schmitt, Bürgstadt zur Zeit des Dreißigjährigen Krieges).

[15] Ibid., 157.

[16] Michael Joseph Wirth, Chronik der Stadt Miltenberg, Miltenberg 1890 (Nachdruck Neustadt/Aisch 1987), 219. Zitiert nach: Schmitt, Bürgstadt zur Zeit des Dreißigjährigen Krieges, 101.

[17] Schmitt, Bürgstadt zur Zeit des Dreißigjährigen Krieges, 101.

[18] Zitiert nach: Ibid., 101 f.

[19] Wilhelm Otto Keller, Pfarrer Georg Kirber von Bürgstadt, in: ders. (Hrg.), Hexer und Hexen in Miltenberg und der Cent Bürgstadt. „Man soll sie dehnen, bis die Sonn' durch sie scheint!" Beiträge zur Geschichte der Hexenprozesse am südlichen Untermain, Miltenberg 1989, 117-123, hier 120 (künftig: Keller, Pfarrer Georg Kirber).

Diese Aussagen wurden 1626 in einem Prozess vor dem Miltenberger Stadtgericht gemacht, den Pfarrer Kirber gegen mehrere Bürgstadter führte, von denen er der Hexerei beschuldigt worden war. Er geriet damit in den Strudel des Hexenglaubens, der damals im Volk entstanden war, weil man sich das Aufkommen von Pest und Seuchen, Missernten und dergleichen nicht erklären konnte. Während jedoch die Hexenprozesse in der Regel tödlich endeten und „in Bürgstadt zwischen 1616 und 1629 118 Personen als Hexen verbrannt wurden"[20], gewann Pfarrer Kirber 1628 seinen Verleumdungsprozess, weil ihm von den meisten Zeugen vorbildliches Verhalten bescheinigt und „seine Unerschrockenheit bei der Versehung von Pestkranken […] immer wieder hervorgehoben" wurde.[21] Es scheint deshalb auch vor allem auf ihn zurückzugehen, dass „in Bürgstadt […] der Zusammenhang mit der Pest […] bei der Erneuerung der Bruderschaft von 1608 hergestellt" wurde.[22]

„Der Inhalt dieser erneuerten Statuten […] sei hier auszugsweise und zusammenfassend wiedergegeben.

1) ,Die Bruderschaft' soll jeweils am Montag nach Sebastiani gehalten werden. Wer bei dieser Feier ohne Entschuldigung fehlt, soll nach dem Urteil der Bruderschaft bestraft werden und die entsprechende Geldbuße innerhalb von acht Tagen dem Brudermeister bezahlen.

2) An diesem Montag sollen zwei Ämter gehalten werden: Eines davon soll als Seelengottesdienst für die verstorbenen Mitglieder der Bruderschaft am Marienaltar gehalten werden. Sobald bei diesem Seelengottesdienst die Wandlung beendet ist, soll am Sebastianusaltar ein Hochamt zu Ehren des hl. Sebastian be-

---

20 Schmitt, Bürgstadt und seine Geschichte, 74.
21 Ibid.
22 Schmitt, Bürgstadt zur Zeit des Dreißigjährigen Krieges, 157.

gonnen werden. Dabei sollen die Namen der verstorbenen, aber auch der lebenden Mitglieder der Bruderschaft verlesen werden. Gegenstand des Gebetes soll neben allgemeinen kirchlichen Anliegen und der Fürbitte für die lebenden und verstorbenen Mitglieder der Bruderschaft vor allem die Bitte um ‚Abwendung der greulichen Seuche der Pestilenz‘ sein. Bei diesen Ämtern soll ein Opfergang stattfinden, dessen Erlös zur Finanzierung der Bruderschaft, sowie zur ‚Belohnung‘ der für die Bruderschaftsfeiern herbeigeholten fremden Priester dienen soll. [Interessanter Weise war im Jahr 1648 ‚der Ertrag des Opfers am Fest des hl. Rochus sogar höher als an Sebastiani‘.[23]]

3)   Zwei Mitglieder der Bruderschaft sollen zu ‚Brudermeistern‘ gewählt werden, die auch die Rechnungslegung der Bruderschaft zu besorgen haben. [Wie lange das Amt entsprechend dieser Bestimmung noch von zwei Personen wahrgenommen wurde, lässt sich nicht mehr feststellen.]

4)   Nach den Gottesdiensten am Brudermontag ist Bruderschaftsversammlung. Den Anwesenden wird Schweigepflicht über das dabei Gesprochene auferlegt.

5)   Bewerber für die Aufnahme in die Bruderschaft sollen am Brudermontag um Aufnahme bitten.

6)   Die neu Aufzunehmenden haben ein Aufnahmegeld zu entrichten.

7)   Die Neuaufgenommenen geloben die Einhaltung der Bruderschaftsstatuten [und] lebenslange Treue zur Bruderschaft.“[24]

---

[23] Ibid., 159.
[24] Ibid., 158.

Die älteste Aufnahmeliste liegt uns aus dem Jahr 1788 vor, als 21 Personen in die Bruderschaft aufgenommen wurden. 1799 waren es 18 Personen. Die Zahlen scheinen allerdings relativ stark geschwankt zu haben, denn 1813 wurden 48 Personen aufgenommen,[25] während es 1850 wieder nur 19 waren.[26]

„8) Alle Mitglieder haben im Lauf des Jahres bei Strafe von einem Vierling Wachs zu folgenden Gottesdiensten zu erscheinen: jeden Mittwoch und Freitag der vier Fronfasten (d.h. Quatember; Mittwochs und Freitags nach a) Sonntag Invocavit – 1. Fastensonntag, – b) Pfingsten, c) Kreuzerhöhung – 14. September –, d) nach Luzia – 13. Dezember –),[27] sowie am Fest des hl. Sebastian (20. Januar) und am Fest des hl. Rochus (16. August)[28].

---

[25] Vgl. Bruderschaftsrechnung (künftig: BR) 1813/14 (Gemeindearchiv Bürgstadt, künftig: GA).

[26] Vgl. BR 1850 (Pfarrarchiv Bürgstadt, künftig: PfA).

[27] Noch in der Amtszeit von Pfarrer Adolf Manger (1893-1915) sind diese Quatember-Gottesdienste im von ihm verfassten „Ordo celebrandi divina per annum in ecclesia parochiali castelli Bürgstadt ad sct. Margaritam et capella sct. Martini" (undatiertes Manuskript in Mangers Handschrift im PfA, künftig: Manger, Ordo celebrandi divina) bezeugt: „An den 4 Quatembermittwochen wird ein hl. Amt *pro vivis* [lat. = für die Lebenden] auf dem Sebastiani-Altare u. an den 4 Quatemberfreitagen ein Requiem *pro def[un]ctis Confraternitatis* [lat. = für die Verstorbenen der Bruderschaft] auf dem Hochaltar gehalten. Die Gebühren werden gezahlt aus der Bruderschaftskasse." In einem vermutlich von seinem zweiten Nachfolger, Pfarrer August Martin (1924-1932) – diese Zuschreibung ergibt sich aufgrund der handschriftlichen Korrekturen, die weder von Pfarrer Manger noch von den Pfarrern Johann, Stoll oder Konrad stammen können – auf dieser Grundlage erstellten „Entwurf einer Agenda für Bürgstadt a. M." (undatiertes Typoskript im PfA, künftig: Entwurf einer Agenda) heißt es allerdings bereits, es müsse „im Auge [...] behalten werden, dass früher" diese Gottesdienste gehalten wurden. Sie dürften also unter Pfarrer Leo Konrad Simon (1916-1924) aufgegeben worden sein.

[28] Laut Manger, Ordo celebrandi divina, wurde auch das Amt am St. Rochus-Tag „*in honorem scti Rochi ad altare scti Sebastiani*" (lat. = zu Ehren des hl. Rochus am Altar des hl. Sebastian) unter Pfarrer Manger noch gesungen (*cantatur*). Über die Zeit von Pfarrer Martin kann keine Aussage gemacht werden, da sein Entwurf nicht so weit ausgearbeitet ist.

9) Bei der Beerdigung eines verstorbenen Mitglieds sollen die vier jüngsten Mitglieder Kerzen und vier andere Brüder den Sarg tragen. Die Mitglieder der Bruderschaft sollen dem Requiem beiwohnen, und die Bruderschaftsgebete für den Verstorbenen beten: Glaubensbekenntnis, fünf ‚Vater unser‘ und fünf ‚Ave Maria‘."[29]

Auch diese Bestimmung ist übrigens eine direkte Übernahme aus der Ablassbulle Papst Clemens' VIII., der allen Bruderschaftsmitgliedern, die „5 Vater unser und Englische Grüße für die Seelen der verstorbenen Mitglieder beten", einen Ablass von 60 Tagen erteilt.[30]

„10) Mitglieder, die die Statuten hartnäckig nicht einhalten, sollen ausgeschlossen werden.

11) Streitigkeiten wegen der Bruderschaft sollen in der Bruderschaftsversammlung brüderlich geschlichtet werden.

12) Für die Mitglieder bestehen folgende Gebetsverpflichtungen: Für Priester: Beim Breviergebet am Morgen den Psalm ‚de profundis‘ (Psalm 130); Für Laien: Drei ‚Vater unser‘ und ‚Ave Maria‘.

Hinzu kommen folgende Ergänzungen:

1610: Die Strafe für unentschuldigtes Fehlen ‚bei der Bruderschaft‘ beträgt ein Vierling Wachs.

1611: Als Rat der Bruderschaft [auch ‚Älteste‘ genannt] werden jeweils sechs aus den Mitgliedern eidlich verpflichtet."

Die ersten namentlich bekannten Ältesten gehen aus den Sterbematrikeln der damaligen Zeit hervor. Dort werden der am 18.11.1689 im Alter von ca. 70 Jahren

---

[29] Schmitt, Bürgstadt zur Zeit des Dreißigjährigen Krieges, 157 f.
[30] Clemens VIII., Ablassbulle, 19.

verstorbene Elias Krug und der am 3.2.1694 verstorbene Johannes Damm als *„senior confraternitatis"* (Ältester der Bruderschaft) bezeichnet, der am 21.2. desselben Jahres verstorbene Michael Helmstetter als *„unus ex 6 senioribus confraternitatis S. Sebastiani et Fabiani"* (einer von sechs Ältesten der Bruderschaft St. Sebastian und Fabian).[31] Die Nennung des hl. Fabian statt des hl. Rochus braucht dabei nicht zu irritieren; auch in Einträgen des Kapitalverleihungsbuches aus der Zeit zwischen 1673 und 1706 ist immer wieder von der „Bruderschaft St. Fabian und Sebastian" die Rede. Man scheint eine Zeit lang diesen heiligen Papst einfach mit einbezogen zu haben, weil sein liturgisches Gedächtnis bis heute gleichzeitig mit dem des hl. Sebastian am 20. Januar begangen wird. Ab 1711 wird dann wieder nur noch der hl. Sebastian allein genannt.

„1612: Am Brudermontag soll eine eucharistische Prozession gehalten werden. Alle Mitglieder haben die Prozession am Brudermontag, sowie alle anderen eucharistischen Prozessionen mit von ihnen selbst zu stellenden brennenden Kerzen zu begleiten.

1614: Der Rat der sechs Bruderschaftsältesten trifft sich nach dem Amt am Sebastianitag, um die Bruderschaftsversammlung am Brudermontag vorzubereiten.

Auffällig ist, dass nicht der Festtag des hl. Sebastian, sondern der Montag danach der Termin war, an dem ‚die Bruderschaft' gehalten wurde." Er übertraf damit „den Sebastianitag, jedenfalls nach 1608, an Bedeutung bei weitem. [...] Bei der Errichtung der Bruderschaft [1515] ist noch der Sebastianitag selbst der eigentliche Bruderschaftstag. Der

---

31 Vgl. Handschriftliche Notiz aus dem Nachlass Norbert Schmitt.

Montag ist auch bei anderen Bruderschaften der Tag, an dem das Totengedächtnis gehalten wird."[32] Das hängt damit zusammen, dass nach Meinung der Volksfrömmigkeit sonntags den Armen Seelen „ein erquickender Ruhetag zuerkannt" wurde, „von dem sie am Montag ins Fegfeuer zurückkehren müssen. Von daher liegt es nahe, gerade am Montag einen Gottesdienst für die armen [sic!] Seelen zu feiern."[33]

Somit finden wir bereits mit dem Jahr 1612 die Kernpunkte der Statuten geregelt, wie sie über 400 Jahre hinweg bis in unsere Tage Bestand haben oder wenigstens bis zu den 2015 vorgenommenen Anpassungen hatten:

- Die Anwesenheit auswärtiger Priester bei den Feierlichkeiten (als Beichtväter, Zelebranten oder Prediger),
- die Feier des Brudermontags mit Seelenmesse für die verstorbenen Mitglieder, Neuaufnahme und Bruderschaftsversammlung,
- die Verlesung der Namen der Verstorbenen, heute in der Festandacht am Sebastiani-Sonntag,
- den Opfergang, heute am Brudermontag,
- die Verbindung mit den Quatember-Tagen, heute in Form eines Friedhofsganges an den vier Quatember-Sonntagen,
- die Bruderschaftskerzen bei Beerdigungen,
- das Gebet der fünf Vater unser und Ave Maria für die Verstorbenen (bis 2015, seitdem durch ein eigenes Gebet ersetzt),
- die Gebetsverpflichtung von täglich drei Vater unser, Ave Maria und Ehre sei dem Vater (seit 2015 nur noch jeweils eines) sowie
- die eucharistische Prozession, die später auch am Sebastiani-Tag selbst und schließlich nur noch sonntags gehal-

---

ten wurde und von der alten Pfarrkirche aus um das sog. „Löweneck" führte.[34] Auch in den ersten Jahren in der neuen Pfarrkirche wurde sie noch vorgenommen, dann aber wegen zunehmender Probleme durch das winterliche Januarwetter in die Kirche verlegt.

Das „Halten" der Bruderschaft

Das mehrfach erwähnte, sog. „Halten der Bruderschaft" war „mit festen Gebräuchen verbunden. Wenn irgend möglich, halfen die Franziskaner aus Miltenberg" – wo sie seit 1630 eine Niederlassung unterhielten –[35] „aus als Beichtväter und beim Messelesen."[36] Dabei wurden sie auch ordentlich bewirtet, als Beispiele aus der damaligen Zeit sei aus den Bruderschaftsrechnungen der Jahre 1646 und 1647 zitiert:
„1646: 6 btz 1 kr den H. Franziskanern an einem Bradten Fleisch verehrt. […]
1647: 4 btz den H. Franziskanern an Weißbrodt verehrt."[37]
Aber nicht nur die Franziskaner wurden zur Mithilfe beigezogen und mussten verpflegt werden. Noch zu Beginn des 20. Jahrhunderts schreibt Pfarrer Adolf Manger: „Am Vorabende des Festes helfen *ex antiqua obligatione et consue-*

---

[34] Mündliche Erinnerung von Otmar Hofmann und Josef Neuberger sen. (beide Bürgstadt). Die Prozession am Brudermontag zusätzlich zum Sebastiani-Tag ist noch im Entwurf einer Agenda – also wohl Ende der 1920er Jahre – sowie in den schriftlichen Erinnerungen von Nikolaus Meisenzahl (+): Sebastian Bruderschaft – Beerdigungen! (unveröffentlichtes Manuskript v. 02.03.1989, Archiv Thomas Hofmann; künftig: Meisenzahl, Sebastian Bruderschaft) bezeugt, aus denen hervorgeht, dass sie „um den Adlerbrunnen" und über das Gasthaus Rose zur Kirche führte.
[35] Norbert Schmitt, Aus Kirchen- und Pfarrgeschichte von Miltenberg, in: Stadt Miltenberg (Hrg.), 750 Jahre Stadt Miltenberg 1237-1987. Beiträge zur Geschichte, Wirtschaft und Kultur einer fränkischen Stadt, Miltenberg 1987, 201-226, bes. 211-214.
[36] Schmitt, Bürgstadt zur Zeit des Dreißigjährigen Krieges, 159.
[37] Ibid.

tudine[38] aus: je 2 Herrn vom Engelberge u. vom Miltenberger Franziskaner Kloster, der Herr von Eichenbühl, von Freudenberg u. von Rüdenau u. der Kaplan von Miltenberg."[39] Dazu kamen immer wieder auch andere Geistliche aus der Umgebung, beispielsweise die beiden Priester aus dem Miltenberger Kilianeum oder die Pallottiner-Patres aus Kleinheubach.[40] An der Verköstigung all dieser Gastpriester entzündete sich Mitte des 19. Jahrhunderts eine Kontroverse, auf die wir später noch näher eingehen werden.

„Am Brudermontag wurde [außerdem] jährlich 1 fl aus der Bruderschaftskasse zu Almosen gegeben",[41] d. h. er floss in den 1549 erstmals bezeugten Almosenfond der Pfarrei mit der ausdrücklichen Bestimmung „vor Brodt".[42] Obwohl es hierzu im ältesten erhaltenen Bruderschaftsbüchlein von 1812 heißt, es sei „bei Aufrichtung dieser Bruderschaft beschlossen worden, den Armen, so dem hohen Amte am Tage der Bruderschaft beiwohnen, für einen Gulden Brod auszutheilen",[43] findet sich eine entsprechende Bestim-

---

[38] Lat. = aus alter Verpflichtung und Gewohnheit.

[39] Manger, Ordo celebrandi divina.

[40] Im Entwurf einer Agenda sind außerdem „die Herren von Miltenberg und Kleinheubach" genannt, was sich auf die Priester des 1927 eröffneten Kilianeums und der Pallottiner-Niederlassung in Kleinheubach beziehen dürfte (mündliche Mitteilung von Josef Neuberger sen., Bürgstadt), „ferner der Prediger." Dabei war letzterer früher nicht immer auch Zelebrant des levitierten Hochamtes, wie ein Beispiel aus den 1920er Jahren zeigt, als Stadtpfarrer Knapp aus Lohr unter Assistenz von Stadtkaplan Seufert (Miltenberg) und dem Präfekten des Kilianeums zelebrierte, während „ein Sohn unserer Gemeinde, H.H. Stadtpfarrer [Franz Jakob] Bretz von Heidingsfeld", predigte (vgl. undatierter Zeitungsartikel aus den 1920er Jahren, Archiv Thomas Hofmann); beim ersten Sebastianus-Fest in der neuen Pfarrkirche 1962 dagegen übernahm der unter Assistenz von Regens Oswald Simon aus dem Kilianeum und Kuratus Schneider von Reistenhau-sen zelebrierende Amorbacher Stadtpfarrer Geysa Heinrich auch die Predigt (vgl. „...nichts Gewisseres ist dann der Tod". Bürgstadt beging das Hauptfest der 1515 gegründeten St. Sebastianus-Bruderschaft, in: Bote vom Untermain, 22.01.1962; Nachlass Norbert Schmitt).

[41] Schmitt, Bürgstadt zur Zeit des Dreißigjährigen Krieges, 159.

[42] Ibid., 162. Dort auch Näheres zum Almosenfond.

[43] Johann Philipp Dehmer, Andachts-Uebungen der gottseligen Bruderschaft des glorreichen h. Martyrers Sebastiani, Patronen wider die Pest, und

mung weder in der Stiftungsurkunde von 1515 noch der Erneuerungsurkunde von 1608; diese institutionalisierte Form der Hilfe für Arme und Notleidende scheint also bis 1812 ohne schriftliche Fixierung gepflogen worden zu sein. Lediglich im finanziell schlechten Jahr 1647 wurde damit ausgesetzt, in anderen Jahren war sie dafür gelegentlich auch höher, wie etwa 1633 1 ½ Gulden.[44] Noch im 20. Jahrhundert, bis in die Zeit nach dem II. Weltkrieg, war es Brauch, dass die Schulkinder am Brudermontag ein Brötchen erhielten; die Älteren unter uns haben noch lebhafte Erinnerungen daran, wie sich die Schulkinder in der Pause im Hof des langjährigen Brudermeisters Josef Schirmer versammelten, wo große Blechwannen mit den Brötchen bereitstanden.[45] In der besonders schlechten Zeit kurz vor und nach Kriegsende gab es statt dessen für die Kinder nur eine Scheibe Brot.[46]

Vielleicht steht mit dieser Brotspende auch die Tradition der „Brudermontags-Breze" in Zusammenhang, die bis heute am Brudermontag jeder Bruder seiner Schwester schenkt; über den Ursprung dieses Brauches liegen allerdings keinerlei schriftliche Zeugnisse vor. Jedenfalls steht auch andernorts die Breze in Verbindung mit dem hl. Sebastian, da ihre überkreuzten Teigstränge dessen an den Baum gebundene Arme symbolisieren.[47] Die seit einigen Jahren geübte Praxis, am Brudermontag auch den alten und

---

ansteckenden Krankheiten in der Pfarrkirche zu Bürgstadt am Mayn aus den alten Exemplarien gezogen, vermehret und verbessert, aufs neue zum Drucke befördert, Amorbach 1812, 9 (künftig: Dehmer, Bruderschaftsbüchlein 1812).

[44] BR 1633 (GA).

[45] Mündliche Mitteilungen von Otmar Hofmann und Josef Neuberger sen. Vgl. auch Meisenzahl, Sebastian Bruderschaft.

[46] Mündliche Mitteilung von Eva Schmitt (+), Bürgstadt.

[47] Vgl. Werbeprospekt der Bäckerei Hench, Miltenberg/Bürgstadt (Archiv Thomas Hofmann).

kranken Bruderschaftsmitgliedern eine Breze zu bringen, steht somit in einer guten Tradition.

Ebenfalls den Betrag von einem Gulden erhielt jährlich der Pfarrer „von der Bruderschaft zu halten."[48] Diese Entlohnung des Pfarrers war noch bis weit ins 20. Jahrhundert hinein üblich, wie beispielsweise zwei Quittungen vom 25. Januar 1943 bezeugen, in denen Pfarrer Fridolin Johann[49] bescheinigt, „für die Feier des Bruderschaftsfestes 1943" und „für Aushilfe im Beichtstuhl beim Bruderschaftsfeste 1943" 50 bzw. 45 Reichsmark „aus der Bruderschaftskasse erhalten" zu haben.[50] Heute erhält nur noch der jeweilige auswärtige Festprediger einen Betrag bzw. wird – wie seit jeher – zum Essen eingeladen.

Aber auch die Mitglieder wurden bei der Bruderschaftsversammlung ordentlich bewirtet. „Einige Ausgabeposten hierfür aus dem Jahr 1646:
2 fl 8 btz 6 pf an 16 Viertel Wein, als die Elteste, und wie die Bruderschaft gehalten worden, verzehrt. [...]
2 fl 7 btz 2 pf für Weißbrodt.
10 btz für Mühewaltung bei gehaltener Bruderschaft.
8 fl 4 btz 1 kr als den 22. Januarii die Bruderschaft gehalten worden, sämtliche Brüdern an Essen und allerhand Viktualien gereicht (darunter waren Fleisch, Eier, Käse und allerhand Gewürze)."[51]

Eine so reichhaltige Bewirtung war jedoch nicht immer möglich. 1647 zum Beispiel – das vorletztes Jahr des Dreißigjährigen Krieges – „war ein finanziell sehr schlechtes Jahr für die Bruderschaft, weil die Zinsen für die ausgeliehenen Kapitalien nur zu einem Teil eingetrieben werden

---

[48] Schmitt, Bürgstadt zur Zeit des Dreißigjährigen Krieges, 159.
[49] Zu seiner Biographie vgl. Schmitt, Seelsorger – Geistliche, 123 f.
[50] BR 1943 (PfA).
[51] Schmitt, Bürgstadt zur Zeit des Dreißigjährigen Krieges, 159.

konnten. Dementsprechend geringer waren die Ausgaben beim Bruderschaftsmahl:

12 ½ btz vor Fleisch bezahlt, wie die Bruderschaft gehalten worden.

1 fl von 12 Maß Wein damal.

11 btz von Brodt und Keß.

2 btz für Kraut, Erbes und Salz.

Dementsprechend wurde in diesem Jahr den aushelfenden Franziskanern auch nicht ein ‚Bradten Fleisch‘ verehrt, sondern nur Weißbrot.

1648 wurden die Brüder beim Mahl auch knapp gehalten: Es wurden nur 2 btz für ‚Keß‘, 3 btz für Fisch und 10 btz für Weißbrot bezahlt.“[52]

Ausgaben und finanzielle Verhältnisse der Bruderschaft

Weitere regelmäßige Ausgaben der Bruderschaft, die dementsprechend jedes Jahr in den Rechnungen verbucht sind (hier z.B. 1783), waren die Entlohnung der Himmel- und Fahnenträger, der Ministranten und Musikanten sowie der Kauf von Wachs und Kommunikantenwein. Wenn die finanzielle Situation der Bruderschaft nicht gut war – was auch nach dem Dreißigjährigen Krieg gelegentlich vorkam –, wurden einzelne dieser Ausgabenposten von der Pfarrei übernommen.[53] In der Regel war die Bruderschaft aber in der Lage, auch über den gewöhnlichen Bedarf hinaus immer wieder einmal größere Anschaffungen zu tätigen, wie etwa 1695 „zwei rote Fahnen“[54], auf die seitens der Pfarrei noch 13 Gulden 26 Kreuzer „draufgelegt“ wurden. 1719 teilte man sich die Anschaffungskosten für einen neuen Chormantel[55] mit der Pfarrei und der Corporis-Christi-Bru-

---

[52] Ibid., 149 f.
[53] Vgl. z.B. KR 1913 und 1916 (PfA).
[54] Kirchenrechnung (künftig: KR) 1695 (PfA).
[55] KR 1719 (PfA).

derschaft (einer eucharistischen Bruderschaft, über die aber nichts Näheres bekannt ist und die zum letzten Mal 1790 erwähnt wird)[56], und 1790 wurde im Auftrag der Bruderschaft eine neue, schwarze Totenfahne zum Preis von 14,41 Gulden gefertigt; die Näharbeiten dazu führte der Schneider Joseph Neuberger aus, die Fahne wurde dann auf beiden Seiten mit einem gemalten Bild versehen und das Kruzifix auf der alten Fahnenstange wurde erneuert.[57] Während diese Fahne für Beerdigungen von Bruderschaftsmitgliedern gedacht war, gab es noch eine eigentliche Bruderschaftsfahne, die im ältesten Inventarverzeichnis der Pfarrkirche aus dem Jahr 1807 erstmals und dann noch häufiger erwähnt wird; sie scheint blau gewesen zu sein, da die Kirchenrechnung von 1867 3 Gulden als Bezahlung für „eine neue Fahnenstange für die blaue Sebastianusfahne" vermerkt.[58] 1786 leistete die Bruderschaft einen Beitrag von 33 Gulden zu Renovierungsarbeiten in der Kirche, 1787 noch einmal 4 Gulden für die Neufassung und Vergoldung des Antependiums am Sebastianus-Altar.

Nun stellt sich die Frage, woher das Kapital kam, mit dem all diese Ausgaben bestritten werden konnten. Hierzu schreibt Schullehrer Brust in einer Vorbemerkung zur Bruderschaftsrechnung des Jahres 1850: „Ueber die Stiftung des Capitalstockes dieses Fondes ist keine Urkunde vorhanden; übrigens läßt sich vermuthen, daß, da jedes Bruderschaftsmitglied jährlich 3 xr[59] opfern soll, durch diesen Anfall die Einnahmen stärker als die Ausgaben waren, und sich so nach und nach durch geregelte Verwaltung ein Ka-

---

⁵⁶ Vgl. KR 1753, 1757 und 1790 (PfA). Laut mündlicher Information von Johanna Dölger geb. Schmitt (Freudenberg) wurden allerdings noch bis in die 1950er Jahre die kompletten Kommunionjahrgänge am Weißen Sonntag in die Corporis-Christi-Bruderschaft aufgenommen.
⁵⁷ Vgl. Belege im GA.
⁵⁸ KR 1867 (PfA)
⁵⁹ Kreuzer.

pitalstock bildete."[60] Dies scheint jedoch nur für die ersten knapp hundert Jahre des Bestehens der Bruderschaft zuzutreffen, denn spätestens seit dem 17. Jahrhundert bestanden „die Haupteinnahmen der Bruderschaft [...] aus Zinsen für hingeliehene Kapitalien", die „vor allem aus Vermächtnissen zugunsten der Bruderschaft stammen" dürften.[61] „In den K[irchen-]R[echnungen] 1607 finden sich hierzu folgende zwei Notizen:

4 fl zu 26 alb [Albus = Weißpfennig] empfangen von Velten Keßlern, so sein Frau in Sebastiani Bruderschaft vermacht.

10 fl 10 alb zu 26 alb empfangen von Bastian Kenkemer, so er in die Sebastiani Bruderschaft vermacht.

Die Tatsache, daß diese Vermächtnisse in die Kirchenkasse eingenommen wurden, läßt darauf schließen, daß vor der Statutenerneuerung der Bruderschaft im Jahre 1608 noch keine eigene B[ruderschafts-]R[echnung] geführt wurde."[62] Tatsächlich sind solche Rechnungen auch erst ab 1633 erhalten, wobei sie bis zum Jahr 1823 im Gemeindearchiv liegen.

Über die Kapitalien der Bruderschaft, die an Mitglieder gegen Verpfändung ihres Grundbesitzes verliehen wurden, begann Gerichtsschreiber Johann Berger – „der gleichzeitig als Glöckner und Mesner fungierte" und später im bereits erwähnten Prozess von Pfarrer Kirber die zitierten Aussagen über dessen Einsatz für Pestkranke machen sollte –[63] im Jahr 1609 Buch zu führen.[64] In dem bis 1797 reichenden, im

---

60 BR 1850 (GA).

61 Schmitt, Bürgstadt zur Zeit des Dreißigjährigen Krieges, 160.

62 Ibid.

63 Keller, Pfarrer Georg Kirber, 120.

64 Vgl. Kapital-Verleihungsbuch: Anno 1609 den 15. [Monat wegen Verschmutzung unleserlich] ist durch Pfarhern und vier geschworene heiligen Pflegern gesprochen worden alle die underpfandt vor daß hingelauhen geltt wegen der Bruderschafft Sancti Sebastiani so durch sie wie dan hiebeuor auch geschehen erkant worden in diß Buch geschrieben werden sollen. Durch Johann Bergern gerichtsschreibern Angefangen worden (GA).

Gemeindearchiv erhaltenen Buch sind nach dem Alphabet die Namen der Schuldner (interessanter Weise zuerst der Vorname) und die Summen vermerkt, daran schließen sich ausführliche Einträge mit genauer Auflistung des verpfändeten Grundbesitzes an.

Für die Zinseinnahmen der Jahre 1783/84 und 1789/90 wurde jeweils ein eigenes „Sammelbüchlein" geführt.[65]

„Die zweite Einnahmequelle waren die Opfer, die an den einzelnen Bruderschaftstagen anfielen:

1646: 9 btz 2 pf das jahr hindurch zue Opffer gefallen.

6 btz 2 pf zue Opffer gefallen uff Sebastiani Tag.

1 fl 14 btz 11 pf als die Bruderschaft gehalten worden, zue Opffer gefallen. [...]

1648: 5 btz 6 pf uf S. Rochi Tag. [16. August]

5 btz 6 pf uf Quartal S. Crucis (Quatember im September).

3 btz 12 pf uff S. Trinitatis zue Opffer gefallen (Quatember nach Pfingsten).

5 btz 4 pf uff Sebastiani Tag. [also, wie bereits oben ausgeführt, weniger als am Rochus-Tag]

11 btz 1 pf zue Opffer gefallen, wie die Bruderschaft gehalten worden.

1646 bekam außerdem die Bruderschaft auf Befehl des Centgrafen [Leonhard Gackstatt, der 1628 den Hochaltar der Martinskapelle gestiftet hatte,] einen Anteil von 1 fl 3 btz 2 kr vom Verkauf eines Weinbergs in der Hohenlinde".[66]

[65] GA.

[66] Schmitt, Bürgstadt zur Zeit des Dreißigjährigen Krieges, 160 f.

Neuer Aufschwung in der Barockzeit

Nach dem Elend des Dreißigjährigen Krieges brachte der Barock eine neue Blütezeit mit sich, auch auf religiösem Gebiet. Erstes Zeugnis dafür ist der barocke, vom bekannten Miltenberger Bildhauer Zacharias Juncker d. J.[67] im Auftrag der Gemeinde Bürgstadt geschaffene Bildstock aus dem Jahr 1671 an der Abzweigung Höckerlein-Streckfuß, der auf einer Schmalseite den hl. Sebastian in traditioneller Darstellung – an einen Baum gebunden und von Pfeilen durchbohrt – zeigt; es handelt sich um die älteste erhaltene Sebastians-Darstellung in Bürgstadt, der hier zusammen mit der hl. Margareta und dem hl. Urbanus unter die in Bürgstadt besonders verehrten Schutzpatrone eingereiht wird.[68]

Der religiöse Aufschwung der damaligen Zeit wirkte sich aber auch auf die Bruderschaften aus, so auch in Bürgstadt, dessen Pfarrer Johann Stephan Buckreis (1693-1713)[69] ein großer Verehrer des hl. Sebastian und Förderer der Bruderschaft war. Schon kurz nach seinem Amtsantritt 1693 gab er unter dem Titel „Triumphierender Palmbaum" das erste Bruderschaftsbüchlein heraus, und im Jahr 1698 stiftete er – vielleicht auch auf dem Hintergrund der 1694 in Bürgstadt grassierenden Fieberepidemie, die viele Todesopfer gefordert hatte – den Vorgänger des heutigen Sebastianus-Altars im Seitenschiff der alten Pfarrkirche. Hierzu ist in der Kirchenrechnung von 1698 vermerkt, es seien 3 Gulden 30

---

[67] Dieser schuf in unserer Gegend auch – zusammen mit seinem Vater, Zacharias Juncker d. Ä. – mehrere Altäre der alten Amorbacher Abteikirche, allein das kunstvolle Epitaph der Familie Schneider an der Freudenberger Friedhofskapelle, die Sandsteinarbeiten am Portal der Miltenberger Klosterkirche, ab 1671 den hl. Kreuz-Altar (früher Hochaltar) der Abteikirche Bronnbach und den Alabasteraltar in der Gnadenkapelle der Wallfahrtskirche „Zur Muttergottes auf dem Holderstock" in Schneeberg.
[68] Vgl. Norbert Schmitt, „Bildstockwanderung" Bürgstadt 10.7.2004 (unveröffentl. Typoskript aus dem Nachlass), 1-3.
[69] Zu seiner Biographie vgl. Schmitt, Seelsorger – Geistliche, 107 f.

Kreuzer für Zehrung ausgegeben worden, „als der Weihbischof gefirmt und den Sebastianus Altar consecriert hat".[70] Es handelt sich dabei um den 1681 bis 1702 amtierenden Mainzer Weihbischof Matthias Starck (1628-1708), der also offenbar die Gelegenheit der Altarweihe auch zur Firmspendung nutzte. Neben diesem Altar wurde Pfarrer Buckreis nach seinem Tod 1713 auch beigesetzt, sein Grabstein ist dort heute noch an der Wand unter dem Fenster zu sehen. Doch schon gut 40 Jahre später wurde im Rahmen der Erweiterung und einheitlichen barocken Umgestaltung der Kirche der heutige, von einem Bildhauer aus Waldstetten geschaffene Sebastianus-Altar aufgestellt; dazu wurden laut der Rechnung von 1749 von der Bruderschaft 4 Gulden „dem Hans Jörg Förtig für das neugemachte Santi Sebastiani altar zu Wallstetten abzuholen zahlt".[71] Es muss damals auch schon ein Altarblatt mit einer Darstellung des hl. Sebastian existiert haben, das noch 1917 in dem Buch „Die Kunstdenkmäler des Königreichs Bayern" erwähnt wird.[72] Dabei handelt es sich allerdings noch nicht um das heutige Gemälde mit der Abnahme des hl. Sebastian, denn dieses wurde erst im Rahmen der umfassenden Kirchenrenovierung in den 20er Jahren vom Aschaffenburger Kirchenmaler Josef Hepp geschaffen, der dafür aufgrund der galoppierenden Inflation laut Quittung vom 20. Dezember 1923 mit 2 ½ Zentner Korn entlohnt wurde.[73] Offenbar war zu-

---

⁷⁰ KR 1698 (PfA)

⁷¹ BR 1749 (GA).

⁷² Kunstdenkmäler, 101.

⁷³ Die Notiz von Hepp an Simon, Aschaffenburg, 10.12.1922 „Die Tragmadonna und das Seitenaltarbild sind fertig. [...] Sollte ich aber auf Weihnachten nicht mit [den Kriegergedächtnistafeln] fertig werden, so komme ich u. liefere die Madonna und das Seitenaltarbild auf die Feiertage ab." bezieht sich offenbar nicht hierauf, sondern auf das Auszugsbild des Kreuzaltars mit der Darstellung der hl. Maria Magdalena, wie aus der Bemerkung Pfarrer Simons in seinem Schreiben an Hepp von 22.09.1922 hervorgeht: „Sehr geehrter Herr Hepp, ich denke, Sie kommen doch in der nächsten Zeit

nächst vereinbart gewesen, das Getreide nach Aschaffenburg zu schicken, weshalb Hepp am 12. Dezember an Pfarrer Leo Konrad Simon (1916-1924)[74] schreibt: „Ich möchte Sie frdl. ersuchen das Korn zu Tagespreis zu verkaufen, weil die Fracht nach hier zu teuer kommt."[75] Es wurde ihm dann aber während eines Aufenthaltes in Bürgstadt übergeben.[76] Bereits 1938 musste dieses Gemälde allerdings schon wieder restauriert werden.[77]

Durch die Kombination mit den beiden Seitenfiguren, dem Pestpatron Rochus und dem Arzt Pantaleon, wird Sebastian jedenfalls auch an diesem Altar als Patron gegen die Pest und andere ansteckende Krankheiten ausgewiesen. Weitere Zeugnisse dieser Verehrung sind die beiden etwa zur gleichen Zeit entstandenen Standarten-Figürchen der Heiligen Sebastian und Rochus, die noch bis vor einigen Jahren bei der Beerdigung verstorbener Bruderschaftsmitglieder mitgetragen wurden.

Ebenfalls Anfang des 18. Jahrhunderts entstand eine weitere, 95 cm hohe Statue des hl. Sebastian,[78] die ähnlich derjenigen des hl. Urbanus gewesen sein und zu der das im ältesten Inventarverzeichnis der alten Pfarrkirche von 1797 erwähnte silberne „Kronchen *ad cap. S. Sebastiani*"[79] (bzw. 1850 „Silbernes Krönchen auf dem Haupt des St. Sebastianus-Bildes")[80] gehört haben muss. Aus den Bruderschafts- und Kirchenrechnungen geht hervor, dass sie auch schon beim Umgang an Sebastiani mitgetragen wurde; so ist etwa

---

hierher, um das kleine Gemälde ‚die hl. Magdalena' u. die Mutter Gottesstatue zu bringen" (Korrespondenz im PfA).

[74] Zu seiner Biographie vgl. Schmitt, Seelsorger – Geistliche, 121.

[75] Hepp an Simon, Aschaffenburg, 12.12.1923 (PfA).

[76] Dies lässt sich daraus schließen, dass die entsprechende Quittung am 20.12.1923 in Bürgstadt ausgestellt wurde.

[77] Vgl. KR 1938 (PfA).

[78] Vgl. Kunstdenkmäler, 102.

[79] Inventarverzeichnis 1797 (PfA).

[80] Inventarverzeichnis 1850 (PfA).

im Jahre 1850 vermerkt, es sei „den 4 Junggesellen für das Tragen der Bildniß des hl. Sebastian" eine Vergütung von 2 Gulden gezahlt worden,[81] was diese auch per Quittung bestätigten.[82] 1917 wird die Statue in dem Buch „Die Kunstdenkmäler des Königreiches Bayern" erwähnt,[83] und 1920 wurde sie noch von Kirchenmaler Hepp „mit echten Blattgold vergoldet u. versilbert u. [neu] gefasst" sowie die dazugehörige Konsole „marmoriert u. vergoldet".[84] An welchem Platz in der Kirche diese Figur gestanden hat ist nicht bekannt, da sie auch auf den ältesten Photographien nicht zu sehen ist; irgendwann zwischen den 1920er und -50er Jahren muss sie abhanden gekommen sein.

Nun aber zurück zu Pfarrer Buckreis. „Beim Sterbeeintrag des um 1657 in Bürgstadt aus der holländischen Provinz Limburg mit seinen Eltern zugezogenen Johann Dassing am 6. Juni 1699"[85] merkt der Pfarrer in der Sterbe-Matrikel an: „*petit paulo ante mortem in confraternitatem S. Sebastiani suscipi, quem suscepi*"[86] („Er bat kurz vor seinem Tod [...] in die Sebastianusbruderschaft aufgenommen zu werden, und ich habe ihn auch aufgenommen"[87]). Offenbar wollte Dassing sich damit angesichts des Todes für sein Seelenheil absichern.

Dritter Nachfolger von Pfarrer Buckreis war Pfarrer Caspar Gemar aus Hadamar (1730-1738),[88] dessen Initialen sich „am Balken unter der Empore" der Martinskapelle finden.[89] Er gab 1735 ein neues Bruderschaftbüchlein heraus, über das jedoch nichts Näheres bekannt ist; am 20. Juni 1787

---

[81] KR 1850 (PfA).
[82] Beilage zu BR 1850 (PfA).
[83] Kunstdenkmäler, 102.
[84] Quittung vom 22.01.1920 (PfA).
[85] Schmitt, Bürgstadt und seine Geschichte, 100.
[86] Handschriftliche Notiz aus dem Nachlass Norbert Schmitt.
[87] Schmitt, Bürgstadt und seine Geschichte, 100.
[88] Zu seiner Biographie vgl. Schmitt, Seelsorger – Geistliche, 109.
[89] Ibid., 54.

zahlte die Bruderschaft für 420 nachgedruckte Exemplare dieses Büchleins 17 Gulden 30 Kreuzer.[90] Nach der Erfahrung von drei kurz aufeinander folgenden Masern-Epidemien wurde es 1812 durch Pfarrer Johann Philipp Dehmer (1800-1820)[91] unter dem Titel „Andachts-Uebungen der gottseligen Bruderschaft des glorreichen h. Martyrers Sebastiani, Patronen wider die Pest, und ansteckenden Krankheiten in der Pfarrkirche zu Bürgstadt am Mayn aus den alten Exemplarien gezogen, vermehret und verbessert, aufs neue zum Drucke befördert".[92] Es ist das älteste erhaltene Bruderschaftsbüchlein, von den ersten beiden aus den Jahren 1693 und 1735 existiert leider kein Exemplar mehr.

Neben den Satzungen der Bruderschaft enthält es die Ablassbulle Papst Clemens' VIII., „kurze Morgens- Meß- und Abends-Gebether, so die Brüder und Schwestern täglich verrichten sollen",[93] den Ritus für die Neuaufnahme, eine Bruderschaftsandacht für Brudermontag, die ein heute bei uns nicht mehr bekanntes Lied und eine Litanei zum hl. Sebastian einschließt, Beicht- und Kommuniongebete, drei „Begräbniß-Gesänge" – nachdem ja das Gebet für die Verstorbenen ein wichtiger Aspekt der Bruderschaft ist – und ein weiteres Lied zum hl. Sebastian.

Von diesem Büchlein wurden von der Druckerei Volkhardt in Amorbach am 20. Oktober 1812 2000 Stück geliefert,[94] 1820 100 Stück und 1821 noch einmal 200,[95] innerhalb von 9 Jahren also insgesamt mindestens 2300 Exemplare. Daraus lässt sich die Zahl der Bruderschaftsmitglieder zur damaligen Zeit ungefähr abschätzen.

---

[90] Quittung vom 20.10.1787 (Beilage zur BR 1787, GA).

[91] Zu seiner Biographie vgl. Schmitt, Seelsorger – Geistliche, 112 f.

[92] Amorbach 1812.

[93] Ibid., 15.

[94] Quittung vom 20.10.1812 (Beilage zur BR 1813, GA). Eine weitere Quittung vom gleichen Tag über 204 Exemplare „mit Leder gebunden" dürfte sich auf einen Teil davon beziehen.

[95] Nota mit Empfangsbescheinigung vom 21.09.1821 (GA).

Das 19. Jahrhundert

Eine weitere Auflage des Büchleins unter dem Titel „Andachts-Uebungen zur Verehrung des heiligen Martyrers Sebastian in der Pfarrkirche zu Bürgstadt"[96] erschien dann
1852 unter Pfarrer Josef Hartig (1837-1866)[97], dem die He-
bung der Frömmigkeit seiner Pfarrkinder besonders am
Herzen lag und der deshalb schon 1841 und in zweiter Auflage 1858 ein eigenes „Katholisches Gebet- und Gesang-
Buch zum Gebrauche bei der häuslichen Andacht und dem
öffentlichen Gottesdienste in der Pfarrkirche und Martinskapelle zu Bürgstadt"[98] herausgegeben hatte. Er stellt in seinem Bruderschaftsbüchlein den Satzungen und der Ablassbulle eine Erklärung der Bruderschaften im Allgemeinen
und eine Lebensbeschreibung des hl. Sebastian voran und
bringt in der Andacht zum Brudermontag erstmals das
noch heute gesungene Lied „Sei hochgelobt, du Martyrer".

Von Pfarrer Hartig erfahren wir auch einiges über die
Beichte beim Sebastianus-Fest in der damaligen Zeit. „Am
Vorabende des St. Sebastian-Festes", schreibt er am 10. Januar 1862 ans Kgl. Landgericht, „beichtet die ganze hiesige
Gemeinde, es wird deßhalb die Hochwürdige Geistlichkeit
der Umgegend zum Beichtsitzen eingeladen". [99] Aus einem
anderen Schreiben Hartigs von 1856 geht hervor, dass es
sich dabei um „900 bis 1000 Poenitenten" und „8 bis 10
Geistliche" handelte.[100] Es werde „im Rathaussaale und in
den Schulzimmern zur Hl. Beicht gesessen", so Hartig weiter, weshalb „transportable Beichtstühle nothwendig" sei-

---

[96] Vgl. Hartig, Bruderschaftbüchlein 1852.
[97] Zu seiner Biographie vgl. Schmitt, Seelsorger – Geistliche, 116-118.
[98] Amorbach 1841 und 1858.
[99] Kirchenverwaltung Bürgstadt ans Kgl. Landgericht, Bürgstadt, 10.01.1862
(PfA).
[100] Hartig ans Kgl. Landgericht Miltenberg, Bürgstadt, Juli/August (?) 1856
(PfA).

en; bisher seien dafür „die Lehnsessel der Privatleute" als „Nothbehelf" verwendet worden, die jedoch „nicht immer anständig" gewesen seien. Deshalb einigte man sich mit der Gemeindeverwaltung auf die Anschaffung von sechs Beichtstühlen, von denen je drei von der Kirchenstiftung und der Gemeindekasse bezahlt wurden; die Genehmigung dieser Ausgabe von 21 Gulden beantragte die Kirchenverwaltung beim Landgericht. Das letzte Überbleibsel davon dürfte der mobile Beichtstuhl sein, der bis vor kurzem für einige Jahre im Eingangsbereich der Martinskapelle stand. Die Zahl von 1000 Gläubigen wird auch dadurch bestätigt, dass über viele Jahre hinweg jeweils „1000 kleine, und 100 große Hostien" für Sebastiani gekauft wurden;[101] sie scheint also lange Zeit konstant geblieben zu sein. Um die Jahrhundertwende spricht Pfarrer Adolf Manger noch von „Beichtgelegenheit auf dem Rathaus, in der Schule u. in der Kirche. Circa 10 fremde Herren hören die Beichte [für] gegen 800(-900)" Pönitenten. Nach der 22jährigen Amtszeit von Pfarrer Fridolin Johann (1932-1954), der die Bruderschaft in enger Zusammenarbeit mit Brudermeister Josef Schirmer mit großem Engagement am Leben erhielt, wurde die Beteiligung zwar langsam geringer, aber noch bis zur Einweihung der neuen Pfarrkirche 1961 war der Einsatz von vier Beichtstühlen in den vier Schulsälen des (heutigen alten) Schulhauses notwendig – die langen Schlangen sind vielen Älteren unter uns noch lebhaft in Erinnerung –, wozu noch zwei weitere in der alten Pfarrkirche kamen, und selbst in der neuen Pfarrkirche hörten noch 1972 sieben Priester die Beichte.[102] Erst im Laufe der 1970er Jahre wurde langsam, aber stetig ein Rückgang spürbar.

---

101 Vgl. z.B. Quittung vom 09.01.1830 (Beilage zur BR 1830, GA).
102 Mündliche Mitteilungen von Otmar Hofmann und Josef Neuberger sen. sowie Sebastiani-Bruderschaft – hochaktuell. Bürgstadt feiert das Fest am

Die Beichtväter mussten selbstverständlich auch angemessen verpflegt werden, und genau um diese Ausgaben für „Verköstigung der [9-10] Aushilfs-Geistlichen am Vorabende des [Sebastianus-]Festes und am Feste selbst, sowie am darauf folgenden Montage, als dem eigentlichen Bruderschaftsfeste"[103] – um mit den Worten Pfarrer Hartigs zu sprechen – drehte sich die bereits erwähnte Kontroverse. Im Januar 1850 beschwerten sich nämlich Gemeindevorsteher Ruf, Gemeindepfleger Dosch und die Gemeindebevollmächtigten Uihlein und Gahr im Namen der „Sebastiani-Stiftung zu Bürgstadt" beim Königl. Landgericht, dass „für das Festgelage an diesem Tage ein unverhältnißmäßiger Betrag verausgabt" werde, „so z.B. 40-48 f, während früher hierzu nur 18-20 fl aufgewendet wurden;"[104] deswegen sei „in der Gemeinde schon ärgerliche Rede gefallen". Man habe deshalb dem Pfarrer angeboten, dass die Gemeinde die Kosten übernehme, der jedoch „die Einsicht der Rechnungen" verweigert und erwidert habe, „er lasse es sich nicht nehmen, jeden zu gastiren, der ihn besuche. Das mißtrauische Volk", so weiter in dem Schreiben, habe „bereits Ärgernuß genommen und im Interesse der Stiftung und der Aufrechterhaltung der Religiosität" sehe man sich daher „zu der Bitte veranlaßt, das Kgl. Landgericht wolle als Curatel-Behörde die Sache vermitteln und dafür sorgen, daß die Mittel dieser Stiftung ihrem Zwecke entsprechend verwendet werden, daß außerdem die freiwilligen Gaben größtentheils aufhören und sodann der Zweck der Stiftung

---

Sonntag u. Montag – Vermächtnis der Vorfahren, in: Aschaffenburger Volksblatt (Miltenberg), 23.01.1972 (Archiv Thomas Hofmann).
[103] Hartig ans Kgl. Landgericht Miltenberg, Bürgstadt, 21.06.1856 (PfA).
[104] Gemäß einer der zitierten Korrespondenz beiliegenden Aufstellung stiegen die Ausgaben für Abend- und Mittagessen „bei Ankerwirth Adam Schwaab dahier" zwischen 1841 und 1845 von 23,30 Gulden auf 39,39 Gulden.

größtentheils verloren gehen würde."[105] Daraufhin leitete Landgerichts-Assessor Trabert das Schreiben an Pfarrer Hartig weiter, „um dem gerügten Mißstande, wenn sich vorstehende Angaben in Richtigkeit verhalten, bei der demnächstigen Feier gebührend abzuhelfen, oder aber über den wahren Sachverhalt [...] Aufklärung zu ertheilen."[106] Nach der Sebastiani-Feier stellte Hartig ans Landgericht die Bitte, ihm mitzuteilen, „ob dieselben auch <u>jetzt noch</u> beharren auf ihren [...] Angaben".[107] Das taten sie offenbar, denn die Auseinandersetzung ging im Jahr 1856 weiter. Der Pfarrer gab an, dass bei einem derzeitigen Stiftungskapital von 600 Gulden die laufenden Ausgaben (incl. der Verpflegung der Geistlichen) jährlich etwa 50 Gulden betrügen, die Einnahmen aber 50-58 Gulden abwürfen[108] und berief sich darauf, dass „die Verwaltung des fraglichen Fondes seit länger als 200 Jahren statutenmäßig von dem Pfarrer u. den Beisitzern geschieht".[109] Dagegen bemängelte die Gemeindeverwaltung, es sei „hier nicht bekannt, daß einmal, viel weniger jedes Jahr, die 6 ältesten Mitglieder der Bruderschaft als Beisitzer der Rechnung beigezogen wurden", weshalb man annehme, „daß eine gestellte Rechnung vom Jahre 1847 bis jetzt nicht aufgewiesen werden kann."[110] Das war aber nicht der Fall, sondern es liegen auch für alle Jahre der 22jährigen Amtszeit von Pfarrer Hartig ordnungsgemäße Bruder-

---

105 Gemeindeverwaltung Bürgstadt ans Kgl. Landgericht Miltenberg, Bürgstadt, Januar 1850 (PfA).

106 Landgerichts-Assessor Trabert an Hartig, Miltenberg, Januar 1850 (PfA). Laut Quittung vom 12.02.1850 wurden die Ausgaben für „Wein und Essen" in Höhe von 25 Gulden „für diesesmal nach vorheriger Absprache mit Sr. Hochw. Herrn Dechant Hartig dahier überhaupt übernommen" (Beilage zur BR 1850).

107 Hartig ans Kgl. Landgericht Miltenberg, Bürgstadt, Januar 1850 (PfA), Hervorhebung im Original.

108 Vgl. Hartig ans Kgl. Landgericht Miltenberg, Bürgstadt, 21.06.1856 (PfA).

109 Kirchenverwaltung Bürgstadt ans Kgl. Landgericht Miltenberg, Bürgstadt, 28.09.1856 (PfA).

110 Gemeindeverwaltung Bürgstadt ans Kgl. Landgericht Miltenberg, Bürgstadt, 10.10.1856 (PfA).

schaftsrechnungen vor. Deshalb entsprach das Landgericht wohl auch nicht der Bitte, „die Rechnungen der früheren Jahre, sowie in Folge, [...] einer Revision [zu] unterstellen."[111] Diese Vorwürfe scheinen Pfarrer Hartig auch in keiner Weise geschadet zu haben, denn bei seinem Tod in Folge der Verschleppung und Misshandlung durch die Preußen im Bruderkrieg von 1866 wurde „seine große Wohlthätigkeit gegen Arme und Notleidende, so wie seine edle Uneigennützigkeit, insbesondere aber seine Liebe und Freundlichkeit im Umgange mit Jedermann" allgemein gewürdigt und die „Liebe und Achtung" hervorgehoben, die er deshalb allenthalben genoss.[112]

Hartigs Nachfolger, Pfarrer Andreas Sopp (1867-1892),[113] brachte das Bruderschaftsbüchlein bereits 1868 unter dem Titel „Geistliche Arznei des heiligen Martyrers Sebastianus wieder allerlei Pest" neu heraus.[114] Dabei übernahm er den Text seines Vorgängers unverändert, fügte allerdings zum ersten Mal die Stiftungsurkunde von 1515 und die Erneuerungsurkunde von 1608 bei. Hierzu erfahren wir aus seinen Aufzeichnungen: „Die Stiftungs- und Erneuerungsurkunde, welche ich unter Wust auf dem Rathaus fand, ließ ich den neuen Bruderschaftsbüchlein vordrucken, auf daß sie in aller Händen nicht wieder zu Verluste gehe."[115] Sie war also offenbar unbeachtet auf dem Rathaus gelegen, und so haben wir es wohl Pfarrer Sopp zu verdanken, dass dieses

---

[111] Ibid.

[112] Intelligenz-Blatt. Beiblatt zur Aschaffenburger Zeitung, zugleich Amtlicher Anzeiger für die königlichen Bezirksämter Aschaffenburg und Alzenau, Nr. 275/27.11.1866, 2.

[113] Zu seiner Biographie vgl. Schmitt, Seelsorger – Geistliche, 118 f.

[114] Andreas Sopp, Geistliche Arznei des heiligen Martyrers Sebastianus wider allerlei Pest, zur Verehrung dieses Heiligen den Mitgliedern der Bruderschaft zu Bürgstadt dargereicht von Andr. Sopp, Pfarrer daselbst. Vermehrt durch Stiftungsbrief und Erneuerungsurkunde, Amorbach 1868.

[115] Ders., Res Bürgstadtienses ab introitu Parochi Andreae Sopp, Lohrani a/M. id est ab undecimo die Maji 1867 (Manuskript im PfA).

wertvolle Dokument der Bürgstadter Geschichte heute noch erhalten ist und im Heimatmuseum präsentiert werden kann; das gleiche gilt übrigens auch für die großformatige, mit einem Bild der hl. Margareta kunstvoll gestaltete Ablassurkunde von 1347, die Pfarrer Sopp damals ebenfalls fand.[116] Nach dem Wiederauftauchen der Erneuerungsurkunde wurde die Bruderschaft damals „auf ihre ursprüngliche[n] Bestimmungen zurück geführt, die 6 Ältesten in ihre Rechte zurückgebracht und als neuer Brudermeister [Orts-]Vorsteher Kilian Elbert gekührt"[117] – übrigens jener Bürgermeister Kilian Joseph Elbert, der im Juli 1866 dem Kaufmann Franz Adam Schmitt einen Revers ausgestellt hatte, mit dem er ihn beauftragte, für die Freilassung von Pfarrer Hartig zu sorgen.[118]

Wie sein Vorgänger scheint auch Pfarrer Sopp ein seeleneifriger und um das geistliche Wohl seiner Pfarrkinder besorgter Priester gewesen zu sein, da er nicht nur das Sebastianus-Bruderschaftsbüchlein neu herausgab, sondern im gleichen Jahr 1868 auch einen Kindheit-Jesu-Verein sowie eine Herz Jesu- und eine Herz-Mariæ-Bruderschaft gründete, „um dadurch", wie er schreibt, „die Gläubigen mehr an den Besuch der Nachmittags-Andachten zu gewöhnen"[119] und „das Auswärtslaufen namentlich des weiblichen Geschlechtes an Sonntagen zu verhindern."[120] Allerdings

---

116 Vgl. ibid.

117 Ibid.

118 Vgl. Schmitt, Seelsorger – Geistliche, 117.

119 Manger ans Bischöfliche Ordinariat Würzburg, Bürgstadt, 14.05.1906 (PfA).

120 Andreas Sopp, „Herz-Mariæ-Bruderschaft in der Pfarrei Bürgstadt" (Manuskript im PfA). Während die – sicherlich mit dem Marienaltar verbundene – Herz-Mariæ-Bruderschaft bereits im Jahr 1868 kanonisch errichtet und mit der Erzbruderschaft in Paris vereinigt wurde (vgl. Reskript Generalvikar Johann Valentin Reißmanns vom 17.01.1868, Einverleibungs-Urkunde vom 01.02.1868 und Notiz Pfarrer Sopps vom 02.02.1868, aus der hervorgeht, dass diese „in der Pfarrkirche gerahmt aufgehängt" war; PfA) erfolgte die kanonische Errichtung der Herz-Jesu-Bruderschaft mit Zuweisung des Kreuzaltars und Einverleibung in die Erzbruderschaft in Rom erst im Jahr 1906 auf

scheint er damals trotzdem keinen angemessenen priesterlichen Lebenswandel gepflogen zu haben, weshalb es zu Beschwerden kam, aufgrund deren „Anfang 1870 eine Untersuchung gegen ihn eingeleitet" wurde.[121] „Als stichhaltig davon erwies sich, daß Sopp ‚die Wirthshäuser oft und sogar bis tief in die Nacht hinein besucht' habe und daß er dabei ‚lascive' Reden geführt habe. Sopp habe einmal sogar in der Wirtschaft zwei Männer in die Sebastianusbruderschaft aufgenommen und dort die zu entrichtende Gebühr kassiert" – sicherlich die kurioseste Neuaufnahme in der 500-jährigen Geschichte der Bruderschaft. Dafür wurde „ihm ein ‚erster Verweis' erteilt und ein Aufsatz über würdiges Verhalten der Geistlichen in der Öffentlichkeit [...] aufgegeben."[122] Er scheint sich dann auch tatsächlich schnell gebessert und Ansehen gewonnen zu haben, da er bereits „1874 Definitor und 1878 Dekan des Landkapitels Miltenberg wurde."[123] Sein „um Stiftungsbrief und Erneuerungsurkunde"[124] vermehrtes Bruderschaftsbüchlein erschien dann 1888 noch einmal in Neuauflage.

Betreiben von Pfarrer Adolf Manger (vgl. diesbezügl. Schriftwechsel mit dem Bischöflichen Ordinariat Würzburg sowie Dekrete Bischof Ferdinand von Schlörs vom 07. und 09.07.1906, PfA). Laut Pfarrer Sopp hatte der Kindheit-Jesu-Verein bereits kurz nach seiner Gründung „312 Mitglieder und Theilnehmer", die Herz-Mariæ-Bruderschaft „über 400 Mitglieder" (Sopp, Res Bürgstadtienses, wie Anm. 115). Neuaufnahmen in beide Bruderschaften erfolgten zuletzt Im Jahr 1926 durch Pfarrer August Martin (vgl. Aufnahmebücher und -listen im PfA). Wie unten weiter ausgeführt, existierte in Bürgstadt außerdem mindestens seit dem 18. Jahrhundert auch eine Corporis-Christi-Bruderschaft.

[121] Vgl. Schmitt, Seelsorger – Geistliche, 119.

[122] Ibid.

[123] Ibid.

[124] Sopp, Geistliche Arznei, wie Anm. 114. Neue unveränderte Auflage, Amorbach 1888.

Wohl kurz darauf, gegen Ende der Amtszeit des 1892 verstorbenen Pfarrers und Dekans Sopp oder kurz nach Amtsantritt seines Nachfolgers Pfarrer Adolf Manger (1893-1915)[125], wurde die heutige Statue des hl. Sebastian vom Bürgstadter Bildhauer Anton Speth (1851-1896) geschaffen,[126] die heute noch während der Sebastianus-Feierlichkeiten im Altarraum aufgestellt ist und beim Umgang während des Hochamtes von der Freiwilligen Feuerwehr mitgetragen wird.

Auf einer alten Photographie, die das Innere der alten Pfarrkirche im Zustand nach der Renovierung Anfang der 1920er Jahre zeigt, ist der frühere Standort der Figur auf einer kunstvollen Konsole an der rechten Hauptschiff-Wand zu sehen;[127] in der neuen Pfarrkirche steht sie seit einigen Jahren in der ehemaligen Taufkapelle. Modell für diese Statue stand der damals etwa 30jährige Bürgstadt-er Robert Hofmann (1861-1913).[128] Aus dem Nachlass von dessen Enkelin Henriette Kling stammt die kleinere Voranfertigung, die Speth wohl zur Ansicht für seinen Auftraggeber anfertigte.

---

[125] Zu seiner Biographie vgl. Schmitt, Seelsorger – Geistliche, 119 f.

[126] Im handschriftlichen Vermerk von Henriette Kling (+), Bürgstadt, unter dem Sockel der Statue wird „Joseph Speth in der Martinsgasse" als Schöpfer der Figur genannt. Eine Person dieses Namens ist jedoch lt. Norbert Schmitt (Bearb.), Bürgstadter Familienbuch 1575-1900. Auf der Grundlage der Matrikelbücher des kath. Pfarramts Bürgstadt (= Veröffentlichungen des Heimat- und Geschichtsvereins Bürgstadt Heft 4), Bürgstadt 1987 nur als Sohn des Bildhauers Anton Speth bezeugt, der jedoch erst 1883 geboren ist und daher als Schöpfer nicht in Frage kommen kann (vgl. ibid., Nr. 2208). Es scheint deshalb eine Namensverwechslung vorzuliegen. Für diesen Hinweis sei Herrn Thomas Hofmann, Bürgstadt, gedankt.

[127] Archiv Thomas Hofmann, abgedruckt in: Günter Martin/Thomas Hofmann/Franz Umscheid, Bürgstadt. Ein fränkischer Ort und das Leben seiner Bewohner in historischen Aufnahmen (= Veröffentlichungen des Heimat- und Geschichtsvereins Bürgstadt Heft 10), Bürgstadt 2012, 74, Abb. 95.

[128] Vgl. handschriftl. Vermerk von Henriette Kling (+) unter dem Sockel der Voranfertigung, sowie Sterbebildchen für Robert Hofmann (Archiv Thomas Hofmann).

Das 400jährige Bruderschaftsjubiläum 1915

Im Hinblick auf das 400jährige Bruderschaftsjubiläum 1915 brachte Pfarrer Adolf Manger das Bruderschaftsbüchlein im Jahr 1910 mit nur geringfügigen Veränderungen unter dem Titel „Geistliches Testament aus Bürgstadts katholischer Vorzeit" neu heraus.[129] In seinem Vorwort von 1909 schreibt er: „Es soll das Büchlein ein Vorbote sein zu dem 400jährigen Jubiläum im Jahre 1915, welches mit besonderer Feierlichkeit begangen zu werden verdient."[130]

Wie das damals auf dem Hintergrund des I. Weltkriegs genau aussah, darauf sei angesichts des gegenwärtigen 500jährigen Jubiläumsjahres ein etwas ausführlicherer Rückblick erlaubt:[131]

Genauso wie in diesem Jahr die 500-Jahrfeier wurde auch vor 100 Jahren das Jubiläum durch ein Triduum vorbereitet, das jedoch nicht an drei Sonntagen, sondern direkt an den drei Tagen vor dem Festtag, also von Sonntag, dem 17., bis Dienstag, den 19. Januar 1915, stattfand; allerdings stand es nicht nur unter dem Zeichen des hl. Sebastian, sondern auch des hlst. Herzens Jesu, weil Pfarrer Manger es gleichzeitig auch mit der Feier des Herz-Jesu-Sühne-Triduums verband, zu dem die deutschen Bischöfe wegen der Kriegsumstände in einem Hirtenbrief im Advent 1914 für die Tage nach dem 10. Januar 1915 aufgerufen hatten. Der genaue Ablauf dieser Feierlichkeiten ist dem Verkündbuch der Pfarrgemeinde zu entnehmen (mit Schwerpunkt auf den Feierlichkeiten zu Ehren des hl. Sebastian):

---

[129] Adolf Manger, Bruderschaft zur Verehrung des glorreichen heiligen Martyrers Sebastian in der Pfarrkirche zu Bürgstadt. Geistliches Testament aus Bürgstadts kathol. Vorzeit. Der Nachwelt zum treuen Gedenken vorgelegt von Adolf Manger Pfarrer daselbst, Aschaffenburg 1910.

[130] Ibid., 6.

[131] Sämtliche Zitate, wenn nicht anders vermerkt, aus dem Verkündbuch der Pfarrei (PfA).

Am ersten Triduums-Tag, Montag, den 18. Januar, fand „früh nach dem Gottesdienste Beichtgelegenheit" und „abends ½ 8 h Predigt mit Bußandacht c.[oram] S[anctis]s.[imo]" – also vor ausgesetztem Allerheiligsten – statt. Dienstag, der 19. Januar, begann um 7 Uhr mit einer Predigt und einem Engelamt „für die lebenden Mitglieder der St. Sebastiani-Bruderschaft" mit der Intention „um eine gute Beicht. Darnach Beichtgelegenheit durch mich & den Herrn Prediger", wie Pfarrer Manger schreibt, ohne jedoch den Namen des Predigers zu nennen. Nachmittags „von 2 h ab" war dann „allgemeine Beichtgelegenheit durch 10 Herrn auf dem Rathause u. in der Kirche", abends wieder um „½ 8 h Predigt mit Bußandacht c.Ss."

Am eigentlichen Fest des hl. Sebastian und Titularfest der Bruderschaft, dem 20. Januar, selbst fand – bis nach dem II. Weltkrieg, solange dieser Tag gebotener Feiertag in Bürgstadt war – die Hauptfeier statt. Das Programm dazu beschreibt Pfarrer Manger wie folgt:

„6 h – ½ 7 h hl. Messe. 7 h hl. Engelamt Sühne-Engelamt zu Ehren des hl. Herzens Jesu – von ½ 7 h Austeilung der hl. Communion – Generalcommunion der ganzen Gemeinde. – 9 h feierl. Schluß des Triduums mit Umgang – Festpredigt – […] levitiertes Hochamt – […] Te Deum ist erst am Schluß der ganzen Feier am Bruderschaftsmontag".[132] Obwohl es hier nicht eigens vermerkt ist, wurde bei diesem Umgang im Jubiläumsjahr sicher erst recht die Statue des hl. Sebastian mitgetragen, was „gewöhnlich" – auch noch in späterer Zeit – immer geschah.[133] Zu den Feierlichkeiten dieses Tages merkt Manger an: „§ 1. Die Schüler haben während der ganzen Feier Früh & Abend ihre Plätze einzunehmen wie

---

132 Diese Reihenfolge fand – mit geringen Abweichungen in der Uhrzeit – in jedem Jahr statt, wobei die Anzahl der Frühmessen variieren konnte und selbstverständlich der Bezug zum Herzen Jesu wegfiel.
133 Manger, Ordo celebrandi divina, sowie Entwurf einer Agenda.

an Sonntagen. 2. Bei den Abendpredigten sollen nur die älteren Werktagsschuljahrgänge teilnehmen. Jeder Unfug vor u. nach den Andachten ist zu vermeiden."

Das Fest ging am Nachmittag um 14 Uhr weiter mit einer „Sebastiani-Bruderschaft-Andacht",[134] zu der vermerkt ist: „Gilt als Kriegsandacht zur Abwendung von ansteckenden Krankheiten." Dabei wurde auch das Sebastianus-Reliquiar den Gläubigen zum Kuss dargeboten, was vorher nur am Brudermontag für die Neuaufgenommenen geschah, aber dann offenbar beibehalten wurde.[135] „Der Partikel vom hl. Sebast.[ian] wurde der Pfarrei von Sr Durchlaucht dem Fürsten Karl Löwenstein zu Kleinheubach geschenkt."[136] Seit einigen Jahren wird er wieder zur hl. Messe am Brudermontag auf den Altar gestellt und der Schlusssegen damit erteilt.

Am Freitag, den 22. Januar, war dann ein „hl. S.[eelen-]A.[mt] für die + Mitgl.[ieder] der St. Sebast.[iani-] Bruderschaft mit bes. Einschluss der im Kampfe gefallenen Krieger."

Gemäß den damaligen liturgischen Regeln hatte das Hochfest eine Oktav (wie heute nur noch Weihnachten und Ostern), wurde also acht Tage lang liturgisch gefeiert, wobei der Sonntag innerhalb dieser Oktav – in diesem Fall der 24. Januar – eine besondere Bedeutung hatte. An ihm bestand (wie in jedem Jahr)[137] nachmittags um 1 Uhr Gelegenheit

---

[134] Pfarrer Manger merkt hierzu schon im Ordo celebrandi divina an: „(war aber früher nicht)". Ob sie allerdings von ihm selbst oder schon von einem seiner Vorgänger eingeführt wurde, geht daraus nicht eindeutig hervor. Obwohl der Nachmittag des 20. Januar bereits damals kein Feiertag mehr war (vgl. ibid.), ist diese Andacht auch noch im Entwurf einer Agenda enthalten, fand also mindestens bis in die 1930er Jahre hinein statt, wenn auch eine halbe Stunde früher.

[135] Vgl. Manger, Ordo celebrandi und Entwurf einer Agenda.

[136] Manger, Ordo celebrandi divina. Gemeint ist Karl Heinrich Fürst zu Löwenstein-Wertheim-Rosenberg (1834-1921), seit 1907 Dominikanermönch als P. Raymundus Maria OP.

[137] Vgl. ibid. und Entwurf einer Agenda.

zur „Einschreibung [für die] Aufnahme in die Bruderschaft auf dem Rathause", um 2 Uhr fand eine „Predigt insbes. für die Jugend" statt, die als Christenlehre galt und zum Thema hatte „Unsere Zeit u. die Jugend". „Darnach Bruderschaftsandacht mit Gebet" für die im letzten Jahr verstorbenen Mitglieder, die erst durch Pfarrer Manger vom Brudermontag „auf den Sonntag Nachm.[ittag] verlegt" worden war.[138] „Darnach Beichtgelegenheit u. zwar für die gesammte Jugend" – in anderen Jahren nur für die Neuaufgenommenen, wozu laut Pfarrer Manger „1 oder 2 *P.P.*[139] *Franciscani*" kamen,[140] während einige Jahre später nur „1 fremder Herr" für nötig erachtet wurde.[141]

Den Abschluss der Feierlichkeiten bildete dann der Brudermontag am 25. Januar. Er begann um 8 Uhr mit einer Generalkommunion,[142] der ein „feierliches S.[eelen-]A.[mt] für die + Mitglieder" folgte – wahrscheinlich, wie sonst unter Pfarrer Manger auch, mit Totenvigil –,[143] um 9 Uhr der Umgang und dann die „Schlußpredigt des Jub.[iläums] mit feierl. Aufnahme u. Erneuerung des Bruderschaftsgelöbnisses" und zum Schluss ein „Hochamt mit ‚Te Deum'."[144]

---

[138] Manger, Ordo celebrandi divina.

[139] Patres.

[140] Manger, Ordo celebrandi divina.

[141] Entwurf einer Agenda. Dort heißt es ursprünglich sogar „Fremde Herren sind nicht nötig", was dann handschriftlich korrigiert wurde.

[142] Diese ist vorher in Manger, Ordo celebrandi divina noch nicht erwähnt, scheint dann aber nach dem Jubiläumsjahr beibehalten worden zu sein, da auch im Entwurf einer Agenda die „Austeilung der hl. Kommunion" erwähnt wird.

[143] Vgl. Manger, Ordo celebrandi divina. Im Entwurf einer Agenda ist die Vigil nachträglich gestrichen und statt dessen das Wort „Opfergang" handschriftlich eingefügt.

[144] Verkündbuch (PfA). Eine Predigt fand nach dem Umgang in jedem Jahr statt, nicht nur zum Jubiläum (vgl. Manger, Ordo celebrandi divina und Entwurf einer Agenda). Interessant ist, dass das abschließende Hochamt *pro vivis* (lat. = für die Lebenden) in diesem Jubiläumsjahr nicht levitiert – also unter Assistenz zweier Priester als Diakon und Subdiakon – zelebriert wurde, was gemäß dem Ordo celebrandi divina unter Pfarrer Manger normalerweise der Fall gewesen zu sein scheint; im Entwurf einer Agenda ist davon nicht mehr die Rede.

Obwohl nicht eigens erwähnt, fand während dieses Hochamtes auch zweifellos der Opfergang statt.[145]

Soweit die Rückschau auf die 400-Jahrfeier, die Pfarrer Manger allerdings nicht lange überlebte, da er kurz darauf an Lungenschwindsucht erkrankte und am Heiligen Abend 1915 erst 54jährig starb.[146]

Die Zeit bis 1978

Unter seinem Nachfolger, Pfarrer Leo Konrad Simon, wurde – wie erwähnt – im Rahmen einer umfassenden Kirchenrenovierung 1922/23 das heutige Altarbild des Sebastianus-Altars von Kirchenmaler Ludwig Hepp aus Aschaffenburg geschaffen und die heute verlorene, barocke Sebastianus-Statue renoviert.

Dessen Nachfolger wiederum, Pfarrer August Martin (1924-1932),[147] verband mindestens einmal den Sebastiani-Sonntag „zu innerer Erneuerung und Belebung" mit einem Einkehrtag für Männer durch Jesuitenpater Karl von Kreth aus Aschaffenburg, der am Brudermontag „auch die Predigt übernahm".[148] Da es für Pfarrer Martin „Herzenssache" war, der Sebastiani-Feier „ein äußeres festliches Gepräge zu geben",[149] ließ er 1931 von der Paramenten-Firma Friedrich Buri in Würzburg (heute Höchberg) – übrigens der gleichen, die auch die 2010 geweihte, neue Bruderschaftsfahne lieferte – den prachtvollen Sebastiani-Ornat aus edlem

---

¹⁴⁵ Im Entwurf einer Agenda ist er erwähnt.
¹⁴⁶ Vgl. Schmitt, Seelsorger – Geistliche, 120, sowie das Sterbebildchen für Pfarrer Manger (Archiv Thomas Hofmann).
¹⁴⁷ Zu seiner Biographie vgl. ibid., 121 f.
¹⁴⁸ Undatierter Zeitungsbericht, vermutlich 1920er Jahre (Archiv Thomas Hofmann).
¹⁴⁹ Ibid.

weinrotem Moiré-Rosensamt anfertigen;[150] sogar der Samt für diese Gewänder wurde damals eigens hergestellt.[151] Heute wird zumindest noch der dazugehörige Chormantel samt Velum zum Umgang im Hochamt und zur Andacht am Sebastianusfest getragen. Pfarrer Martin besorgte im gleichen Jahr auch eine unveränderte Neuauflage des Bruderschaftsbüchleins von Pfarrer Manger, für die die Bruderschaft der Druckerei Kirch in Aschaffenburg 541,35 Reichsmark zahlte.[152] Sie war spätestens 1972 „restlos vergriffen".[153]

---

[150] Vgl. Korrespondenz im PfA. Allerdings hatte Pfarrer Martin offenbar ursprünglich – entgegen der barocken Ausführung – ein Messgewand im gotischen Stil gewünscht, da Friedrich Buri ihm am 19. September 1931 mitteilt, er habe sich „wegen des gotischen Messgewandes [...] am Ordinariat erkundigt" und es bestehe „von keiner Seite ein Verbot dieser Form", weshalb er „nun die Casel in dieser Form ausführen" werde (Buri an Martin, Würzburg, 19.09.1931), und noch im Angebots-Schreiben vom 26. September ist ebenfalls von einem gotischen Messgewand „mit je einem Vorder- und Rückstab, gebildet aus zwei Reihen Borden aber ohne Querarme" die Rede (Buri an Martin, Würzburg, 26.09.1931). Pfarrer Martin muss also kurz vor der endgültigen Auftragsvergabe seine Ansicht geändert und doch ein Gewand im Barockstil bestellt haben.

[151] Vgl. Buri an Martin, Würzburg, 26.09.1931: „Den Seidensamt für den Ornat lasse ich extra anfertigen und werde dafür Sorge tragen, daß derselbe in Farbe und Qualität zu Ihrer Zufriedenheit ausfällt", sowie ders. an dens., Würzburg, 08.10.1931: „Ferner fügte ich drei größere Abschnitte von Moiré-samt in verschiedenen Farbtönen bei, damit Sie sich den passendsten auswählen können" (PfA).

[152] Vgl. Quittung vom 12.03.1931 (PfA).

[153] Sebastiani-Bruderschaft – hochaktuell. Bürgstadt feiert das Fest am Sonntag u. Montag – Vermächtnis der Vorfahren, in Aschaffenburger Volksblatt (Miltenberg), 23.01.1972. Pfarrer Konrad legte deshalb offenbar wenigstens seit den 1960er Jahren neu ausgegebenen Exemplaren des Büchleins von 1931 eine maschinenschriftliche Zusammenstellung mit einer kurzen Lebensbeschreibung des hl. Sebastian, den drei in Bürgstadt gebräuchlichen Liedern und einer kurzen Erklärung „von der Bruderschaft" bei (vgl. Exemplar von 1965 in Privatbesitz, Bürgstadt).

Reformen 1978 und 1997

Deshalb nahm Pfarrer Stefan Konrad (1957-1985)[154] auf dem Hintergrund der Veränderungen nach dem II. Vatikanischen Konzil (1962-1965) unter dem bisherigen Titel eine grundlegende Neubearbeitung vor,[155] um die Bruderschaft „auch in unserer so modernen, fortschrittlichen Zeit weiterzuführen mit den gleichen Zielen wie bei ihrer Gründung",[156] wie er im Vorwort schreibt. Er übernahm vom Vorgängerbüchlein Stiftungs- und Erneuerungsurkunde nebst Ergänzungen, brachte ebenfalls eine (allerdings kürzer gefasste) Erklärung über Bruderschaften im Allgemeinen und eine Lebensbeschreibung des hl. Sebastian und schloss die Satzungen der Bruderschaft an, wie sie von der Bruderschaftsversammlung am 23. Januar 1978 in einer „unter Wahrung des ursprünglichen Sinnes und Zweckes der Bruderschaft"[157] und mit allen 1608 festgelegten Hauptpunkten den veränderten Zeitverhältnissen angepassten Neufassung beschlossen worden waren.

Die Ablassbulle Papst Clemens' VIII. von 1603 ist in diesem Büchlein erstmals nicht mehr erhalten, weil mit der Neuordnung des Ablasswesens durch die Apostolische Konstitution „Indulgentiarum doctrina"[158] des seligen Papstes Paul VI. vom 1. Januar 1967 alle bis dahin erteilten Ablässe ungültig geworden waren. Statt dessen beantragte Pfarrer Konrad bei der zuständigen Apostolischen Pönitentiarie in Rom neue Ablässe, die per Dekret vom 12. Januar 1978

---

154 Zu seiner Biographie vgl. Schmitt, Seelsorger – Geistliche, 125 f. Pfarrer Konrad starb am 24. Oktober 2006 in seinem Geburtsort Wiesenfeld.

155 Vgl. Konrad, Bruderschaftsbüchlein 1978.

156 Ibid., 7 f.

157 Ibid., 7.

158 Papst Paul VI., Apostolische Konstitution Indulgentiarum doctrina. Ablasslehre, in: Apostolische Pönitentiarie (Hrg.), Handbuch der Ablässe. Normen und Gewährungen, Vatikanstadt ²2008, 93-119.

auch erteilt wurden.[159] Dieses Dekret war allerdings nur auf sieben Jahre befristet, sodass zur Weitergeltung 1985 eine unbefristete Verlängerung hätte beantragt werden müssen; leider wurde das aber damals nicht für nötig gehalten, was zur Folge hatte, dass seitdem mit der Bürgstadter Bruderschaft keine Ablässe mehr verbunden sind. Dem Dekret von 1978 fügte Pfarrer Konrad noch eine kurze, aber prägnante Erklärung der Bedeutung des Ablasses bei.

Die in den vorherigen Büchlein enthaltenen Gebete (Morgen- und Abendgebet, Mess-Gebet, Beicht-Gebete und Kommunion-Gebet) fielen weg, es folgte direkt der überarbeitete und verkürzte Ritus zur Aufnahme in die Bruderschaft. Diesem schloss Pfarrer Konrad die heute gebräuchlichen drei Sebastianus-Lieder an und schließlich eine neu gestaltete Andacht zum Sebastianus-Fest. In einen Anhang übernahm er neben den Liedern zu den in Bürgstadt besonders verehrten Heiligen sowie dem Donnerstags- und Freitagsgebet auch den überlieferten Text der Andacht zu den fünf Wunden Jesu für den traditionellen, vierteljährlichen Friedhofsgang der Bruderschaft.

Allerdings wurde bei der Bruderschaftsversammlung 1978 auf die Wahl eines Nachfolgers von Brudermeister Franz Sebastian Hofmann verzichtet und in den folgenden Jahren keine Versammlung mehr gehalten, sodass dieses Amt 19 Jahre lang vakant blieb.[160] Erst 1997 wurde als Reaktion auf den spürbaren Niedergang der Bruderschaft die Institution der Bruderschaftsversammlung wiederbelebt, die seitdem jedes Jahr stattfindet, und mit Josef Neuberger sen. wieder ein Brudermeister gewählt.[161] Durch sein großes Engage-

---

159 Sacra Pœnitentiaria Apostolica Az. 4/78 (PfA).
160 Vgl. Nach Vakanz von 19 Jahren gibt es neuen Brudermeister. Sebastianus-Bruderschaft wählte Josef Neuberger ins Amt, in: Bote vom Untermain, 23.01.1997.
161 Vgl. Ibid.

ment trug er entscheidend dazu bei, dass die Bruderschaft nach dem Tiefpunkt zu neuer Lebendigkeit fand und auch jedes Jahr einige Firmlinge, aber immer wieder auch Erwachsene – manchmal ganze Familien – aufgenommen werden konnten, so im Jahr 2013 15 Kinder und 5 Erwachsene, 2014 13 Kinder und 3 Erwachsene und im laufenden Jahr 2015 8 Kinder und 9 Erwachsene.[162] Auch die Pfarrer Hubertus Kunkel (1993-1998) und Dr. Christian Lutz (2010-2014) traten – obwohl ohnehin von Amts wegen Präses – 1997 und 2011 offiziell der Bruderschaft bei und brachten so ihre besondere Wertschätzung zum Ausdruck. Seit 1997 werden auch die Firmlinge bzw. seit Anhebung des Firmalters die Sechstklässler mit einem Brief eigens zum Beitritt eingeladen. Auch das Mittragen der Bruderschaftsfahne und (wenn die Ministranten dazu ausreichten) einer Bruderschaftskerze bei Beerdigungen zusätzlich zu den Standbildern der hl. Sebastian und Rochus wurde damals wieder eingeführt. Das ebenfalls bereits diskutierte Projekt einer Neubearbeitung des Bruderschaftsbüchleins wurde allerdings zunächst noch zurückgestellt und erst zum 500-jährigen Jubiläum im Januar 2015 verwirklicht.[163]

Der Weg zur 500-Jahrfeier 2015

Ein bemerkenswertes und zukunftsweisendes Projekt war die gemeinsame Initiative mit der Fünf-Wunden-Bruderschaft Miltenberg zur Errichtung der Statue des hl. Martin auf der nach ihm benannten Brücke zwischen Bürgstadt und Miltenberg. Sie wurde von beiden Bruderschaften auch

---

[162] Vgl. Aufnahmelisten im Pfarrbüro Bürgstadt.
[163] Vgl. Bruderschaftsbüchlein der St. Sebastianus-Bruderschaft Bürgstadt. Geschichte – Satzungen – Lieder und Gebete. Auf Grundlage der Neufassung von Pfarrer Stefan Konrad (1978) überarbeitet und neu herausgegeben zum 500. Gründungsjubiläum der Bruderschaft im Jahr 2015, Bürgstadt 2015.

mit namhaften finanziellen Beträgen gefördert und am 27. Juli 2008 von Bischof Dr. Friedhelm Hofmann im Rahmen der Verkehrsfreigabe auf der Martinsbrücke gesegnet.

Im Jahr 2009 wurde – schon im Vorausblick auf das kommende 500-jährige Jubiläum – die mit der Zeit sehr verschlissene alte, rote Bruderschaftsfahne vom Beginn des 20. Jahrhunderts durch eine eng an das Vorbild angelehnte Neuanfertigung von der Firma Buri in Höchberg ersetzt und im Hochamt an Sebastiani 2010 durch Pfarrer Reinhold Baumann aus Freudenberg gesegnet.

Im Vorfeld dieses Jubiläums entstand der Gedanke, die caritativen Ziele der Bruderschaft durch eine eigene Institution zu fördern. Deshalb wurde im Jahr 2013 der „Sebastianus-Sozialfonds im Dienst für den Nächsten e.V." gegründet, um notleidenden Mitbürgern unbürokratisch beistehen zu können.

Die eigentliche Jubiläumsfeier wurde – wie schon 100 Jahre zuvor – auch diesmal durch ein Triduum mit auswärtigen Predigern vorbereitet. Es begann am 1. Adventssonntag, dem 30. November 2014, mit Diözesanjugendpfarrer Stefan Michelberger,[164] setzte sich am 4. Adventssonntag mit Guardian P. Claus Scheifele OFM von Kloster Engelberg fort und fand seinen Abschluss am Fest der Taufe des Herrn, dem 11. Januar 2015, mit P. Siegfried Milz CMM aus dem Mariannhiller Herz-Jesu-Kloster in Würzburg.

Den Höhepunkt des Jubiläumsjahres[165] bildete das Pontifikalamt mit Bischof Dr. Friedhelm Hofmann am 18. Januar und der anschließende Festakt im Bürgerzentrum, bei dem Josef Neuberger vom Bischof mit der Goldenen Ehrennadel der Diözese ausgezeichnet wurde. Bei der Bruderschaftsversammlung am Brudermontag wurde die neue Satzung

---

164 Seit 01.04.2016 Regens des Bischöfl. Priesterseminars Würzburg.
165 Zum Programm des Jubiläumsjahres vgl. die Festschrift: 500 Jahre 1515-2015 Sankt Sebastianus Bruderschaft Bürgstadt/Main, Bürgstadt 2014, 8.

der Bruderschaft beschlossen, der neue Sebastianus-Fonds vorgestellt und Michael Schmitt zum neuen Brudermeister gewählt.

Mit seinem Amtsantritt im Februar 2015 übernahm schließlich Pfarrer Dr. Hermann Steinert das Amt des Präses.[166]

So ist die Bruderschaft für die Zukunft bestens gerüstet und kann „mit den gleichen Zielen wie bei ihrer Gründung"[167] auch in der heutigen Zeit weiterbestehen.

---

[166] Pfarrer Dr. Steinert starb plötzlich und unerwartet am 2. März 2016, sodass die Stelle des Präses bis zum Amtsantritt seines designierten Nachfolgers Jan Kölbel im März 2017 vakant ist.

[167] Konrad, Bruderschaftsbüchlein 1978, 8.

Dank sei gesagt:

Herrn Thomas Hofmann, Bürgstadt, für die Bereitstellung sämtlicher von ihm photographierter Dokumente aus dem Pfarrarchiv Bürgstadt, durch die er mir die Arbeit wesentlich erleichtert hat,

dem Heimat- und Geschichtsverein Bürgstadt für die Kooperation bei Ausrichtung des Vortrags,

den Herren Josef Neuberger sen. (Ehrenbrudermeister) und Otmar Hofmann, beide Bürgstadt, für viele wertvolle Informationen, die nirgendwo schriftlich niedergelegt sind und es verdienen, festgehalten zu werden.